KB220667

영 적
흐 름 을
바 꿔 라

가정예배 한국 교회 희망이다

영 적
흐름을
바꿔라

가정예배 한국 교회 희망이다

지은이 | 정해우
펴낸이 | 원성삼
표지 및 본문 디자인 | 한영애
펴낸곳 | 예영커뮤니케이션
초판 1쇄 발행 | 2024년 3월 19일
등록일 | 1992년 3월 1일 제 2-1349호
주소 | 03128 서울특별시 종로구 대학로3길 29, 313호(연지동, 한국교회100주년기념관)
전화 | (02) 766-8931
팩스 | (02) 766-8934
이메일 | jeyoung@chol.com
ISBN 979-11-89887-78-0 (03230)

본 저작물은 저작권법에 의하여 한국 내에서 보호를 받는 저작물이므로
무단 전재와 무단 복제를 금합니다.

값 16,000원

모든 인간은 하나님의 형상을 닮은 존귀한 존재입니다. 사람은 인종, 민족, 피부색,
문화, 언어에 관계없이 모두 다 존귀합니다. 예영커뮤니케이션은 이러한 정신에 근
거해 모든 인간이 존귀한 삶을 사는 데 필요한 지식과 문화를 예수 그리스도의 사랑으로 보급
함으로써 우리가 속한 사회에 기여하고자 합니다.

영적 흐름을 바꿔라

정해우 지음

가정예배 한국 교회 희망이다

예영

우리가 살아가는 시대의 한 특징을 가정중심주의라고 합니다. 가정중심주의는 사회의 변화에 따라 급속화하고 있습니다. 홈쇼핑, 홈뱅킹, 홈스쿨링 등이 일반화되고 택배가 새로운 구매방식이 된 것도 다 가정중심주의의 영향입니다. 정보사회로의 변화에 따라 재택산업이 일반화되고 재택산업은 가정중심주의를 가속화하는 요인이 되었습니다. 가정에서 많은 일들이 이루어지고 가족이 함께 하는 시간이 많아지므로 이전과는 다른 가정의 양상이 일어납니다. 가정중심주의는 전통적 가정의 의미를 파괴하는 역기능도 야기하는 것입니다. 그러므로 가정의 가치관과 가정에 대한 중요성의 비중이 가중되고 있는 것입니다.

최근에 나타난 사회의 기현상 가운데 하나는 소름 끼치는 청소년의 비행입니다. 십대 청소년들의 성범죄와 음주 흡연 그리고 절도 사건 등 악행은 혀를 내두를 만큼 수직적으로 진보하고 있습니다. 이런 청소년들의 거침 없는 행동을 통하여 우리 사회의 암울한 미래를 보게 됩니다. 이와 같은 청소년들의 도덕적 붕괴의 원인은 다름 아닌 가정의 파괴에 있습니다. 그러므로 사회의 각 계층과 분야의 문제는 가정에서 시작되는 것입니다. 가정이 살아야 사회가 삽니다.

종교는 다양한 상징을 가집니다. 종교는 믿음이 대상이 있고, 경전을 가지고 있고, 전(殿)을 가지고 있습니다. 불교는 부처가 있는 대웅전을 상상하게 하고, 이슬람은 미나렛이란 첨탑을 가진 모스크를 상상하게 하고, 힌두교는 다양한 신들을 조각한 탑을 상상하게 합니다. 기독교는 십자가를 단 높은 종탑을 상상하지만 기독교 전의 원형은 이런 예배당이 아니라 가정입니다. 주후 313년 콘스탄티투스 대제가 기독교를 공인하기 전까지의 교회는 가정이었습니다. 예루살렘교회는 마가의 다락방이었고, 라오디게아교회는 눔바의 집이었고, 골로새교회는 빌레몬의 집이었고, 에베소교회는 브리스길라와 아굴라의 집이었고, 빌립보교회는 루디아의 집이었고, 고린도교회는 가이오의 집이었을 것이라고 추측합니다. 우리의 교회가 중요하지만 우리 가정이 교회가 되는 것이 더 중요합니다. 그런 의미에서 교회는 큰 가정이고, 가정은 작은 교회입니다.

성경은 아름다운 가정들을 소개하고 있지만 그 가운데서 빌립보교회를 세운 루디아의 가정은 모범적입니다. 빌립보를 방문한 바울을 통하여 복음을 듣게 된 루디아는 바울을 자신의 집에 머물게 하였고, 자신과 온 가족이 세례를 받았습니다. 온 가족이 세례를 받았다는 것은 어른들뿐만 아니라 아이들까지 다 세례를 받았다는 뜻입니다. 이런 루디아의 집이 교회가 되었다는 것은 당연한 귀결일 것입니다.

온 가족이 같은 하나님을 믿고, 같은 신앙을 가지고 산다는 것은 가장 복된 일입니다. 이런 가정이 교회이며, 교회는 하나님께 예배가 있는 곳입니다. 출애굽의 목적이 제사이듯이 구원의 목적은 예배입니다. 가정예배는 가정이 교회가 되게 하며, 구원받은 가정이 되게 합니다. 가정예배는 가정을 하나님께도 인도하고 구원하는 것입니다.

교회에서의 주일예배는 일주일에 한 번에 불과합니다. 그러나 가정예배는 매일 예배가 되게 합니다. 교회에서의 주일예배는 가족이 다 함께 할 수 없습니다. 그러나 가정예배는 온 가족이 다 함께 할 수 있습니다. 그래서 가정예배는 소중한 예배입니다. 이런 소중한 예배의 지침을 정해우 목사님을 통하여 얻게 된 것이 축복이며 감사입니다.

오랜 목회 경험을 묶어 펴내신 귀한 책 『영적 흐름을 바꿔라』를 통하여 그리스도인의 가정이 회복되는 은혜가 있기를 기대합니다. 우리의 가정 제단에, 내 손 안에 있기를 바라는 한 권의 책으로 기쁘게 추천합니다.

이성희 | 연동교회 원로목사, 대한예수교장로회 증경총회장

예배는 하나님의 사랑과 구속의 은혜를 깨닫고 감사함으로 응답하는 행위입니다. 그러므로 하나님 아버지의 예수 그리스도를 통한 구속의 은혜와 고귀한 사랑을 깨달은 사람의 첫 번째 반응이 바로 예배입니다. 그런데 이 예배는 바로 가정에서부터 시작되어야 합니다. 가정은 하나님께서 만드신 최초의 공동체이자, 하나님의 사랑을 구체적으로 경험할 수 있는 장소이기 때문입니다.

그래서 조나단 에드워즈는 "모든 기독교 가정은 그 가정 자체가 하나의 작은 교회가 되어야 한다"고 말한 것입니다. 모든 가정이 하나의 작은 교회라면 그 가정 공동체에서 이루어져야 할 가장 중요한 행위는 바로 가정예배입니다. 즉 부모가 자녀들과 함께 가정 안에서 하나님의 말씀을 함께 읽고, 예배를 드리는 것은 가정 안에서 무엇보다도 우선순위가 되어야 하는 가장 중요한 일입니다.

이번에 이 중요한 가정예배를 위하여 정해우 목사님이 『영적 흐름을 바꿔라』를 출간하였습니다. 이는 점점 신앙의 유산이 대를 이어 내려가지 않고 있는 한국 교회와 성도들을 위한 소중한 선물이라고 아니할 수 없습니다.

이 책은 신앙의 부모들이 자녀들과 함께 집에서 예배를 드릴 수 있도록 매우 구체적인 가이드를 제시하고 있습니다. 온 가족이 함께 말씀을 읽고 나누고, 기도하고 축복하기까지 진행되는 이 책을 통해 침체된 한국 교회의 영적인 흐름이 바뀌고, 다시 회복될 수 있으리라는 소망을 가지고 이 책을 적극적으로 추천합니다.

주승중 | 전 장신대 예배설교학 교수, 현 주안장로교회 위임목사

추천사

  가정예배는 이천 년 교회사의 아름다운 신앙의 전승이 일어났던 시대마다 일
관적으로 발견되어지는 기독교 신앙의 아름다운 유산이자, 모든 믿음의 가정을
향하신 하나님의 성경적 정언명령입니다.

  코로나 이후 한국 교회가 다시금 말씀과 신앙 안에서 믿음의 세대와 가정을
세워나가야 할 길을 찾는 이때에 정해우 목사님의 이 책은 매우 귀한 목양과 신
앙의 길잡이가 되리라 생각합니다.

  특히 부모가 가정의 신앙교사로 부름받았음을 고백하는 믿음의 가정들에게
이 책은 친절하고 행복한 가정 안에서의 신앙교육이 일어나도록 도우리라 기대
하며 추천합니다.

신형섭 | 장로회신학대학교 교수

　유대인의 삼대 절기는 가정, 교회, 그리고 광장의 각각 다른 세 가지의 삶의 자리를 가지고 있습니다. 유월절이 되면 유대인들은 집 문을 닫고 온 가족이 한 식탁으로 모였습니다. 그 집의 가장은 가정예배를 인도하고 유월절 식사를 가족들에게 나누어주었습니다.

　그로부터 50일 후 오순절에 다락방 집회로 모였던 사람들은 성령의 은사를 충만하게 체험하는 가운데 교회를 이루었습니다. 그리고 초막절에 이르러 사람들은 길거리와 광장에 초막을 치고 그 남은 음식과 음료로서 지나가는 사람들을 초청하였던 것입니다.

　정해우 목사님의 가정예배가 유월절 가정예배와 같이 오늘의 많은 그리스도인들의 가정에 은혜와 축복의 출발점이 되리라 믿습니다. 가정을 믿음으로 의식화하고, 그것이 교회가 부흥으로 이어지고, 마침내 세상의 소금과 빛의 사명을 다 감당하는 믿음의 삶에 최고의 지침서가 되리라고 기대합니다.

곽재욱 | 동막교회 목사

영적 흐름을 바꿔라
-가정예배 정답노트-

가정예배로 하나님의 다림줄이 내려지는 경험을 하십시오.

하나님께서는 세상의 다른 조직을 세우시기 전에 가장 먼저 가정을 세우셨습니다. 아담과 하와의 가정이 와해되었을 때, 신앙공동체의 그 위기와 함께 세상의 위기가 초래되었다는 것을 우리는 기억합니다. 결국 세상의 모든 문제의 시발점은 가정이라는 결론은 지나치지 않습니다. 그런 점에서 가정을 세우신 하나님의 뜻을 따라 가정이 본래의 모습으로 회복되는 것이 가장 중요한 시대적 책무입니다.

무엇보다 가정의 회복은 예배의 자리여야 가능합니다. 부모 세대와 자녀 세대가 소통할 때 부모의 관습이나 경험만이 옳다는 일방적 조언은, 급변하는 시대를 사는 자녀들의 마음에 와닿지 않습니다. 그런데 하나님의 말씀은 모든 시대를 초월하여 매 순간 새롭게 들려지고 시대를 관통하는 유일하고 보편적 진리가 됩니다. 부모도 말씀 앞에서 오늘 나에게 주시는 하나님의 뜻에 매 순간 눈을 뜨게 되고, 자녀들은 오랜 세월 축적된 지혜와 깨달음의 말씀으로 길을 삼게 됩니다.

가정예배는 안식보다 노동을, 섬김보다 경쟁을, 평안보다 불안을, 공동체보다 내 자신의 삶만을 주목하게 만드는 일상의 삶을 멈추고, 하나님을 바라보게 하는 안식의 공간과 시간이 되기 때문입니다. 교회에서의 신앙활동도 우리를 살리고 세우는 중요한 믿음의 터이지만, 가정예배는 우리가 대부분의 시간을 보내는 일상을 하나님의 말씀에 비추어 다시 보고, 말씀의 약속을 삶 속에서 재확인하는 주춧돌이 됩니다.

기독교교육과 교수인 티모시 폴 존스 Timothy Paul Jones 교수가 기독 신앙의 부모들에게 물었습니다.

"지난 한 주 동안 자녀와 함께 기도한 적이 몇 번인가요?"
"지난 한 주 동안 자녀와 함께 성경 말씀을 읽은 적이 몇 번인가요?"
"지난 한 주 동안 자녀와 함께 하나님과 신앙에 대하여 대화한 적이 몇 번인가요?"

그런데 대부분의 가정에서 위와 같은 일들은 거의 일어나고 있지 않았습니다. 머리로는 자녀의 신앙 형성에 부모로서 감당해야 할 책임과 의무가 있다고 동의하지만, 실제로는 부모 세대가 자녀들의 신앙 양육의 책임을 교회에 넘기고, 자신들의 영적 책임은 교회에 안전히 데려다주는 영적 배달 서비스 정도로 오해하였기 때문입니다. 따라서 장신대 기독교교육과 신형섭 교수는 "부모 세대의

'가정예배 오답노트'를 다시 써야 한다"라고 말합니다. 가정예배가 다시 살아야 한국 교회 미래 세대가 삽니다.

어린 시절, 가정예배는 우리들의 신앙과 성품의 고향이었습니다. 우리에게 이런 저런 교육이 많이 있었지만 가장 귀한 교육이 이루어진 곳은 가정예배였기 때문입니다. 어릴 때부터 가정예배에서 하나님 경외하는 법을 반복해서 훈련했고, 말씀을 통해 하나님의 다림줄이 내려지는 것을 경험하곤 하였습니다. 가정예배가 회복되는 것이 한국 교회가 다시 사는 길입니다. 미래 세대 신앙의 대 잇기의 소중함을 결코 놓쳐서는 안됩니다. 우리 자녀들이 우리의 시대 이후로 신앙의 흐름을 놓치는 통탄스런 아픔을 겪어서는 안됩니다.

따라서 우리가 교회에서 하나님 이야기를 하듯이 가정에서도 자연스럽게 하나님 이야기를 할 수 있길 바랍니다. 그래서 이 가정예배 정답노트가 영적 흐름을 바꾸게 될 것입니다. 가정에서 가정예배를 통해 하나님의 다림줄이 내려지는 경험을 다시 회복할 필요가 있습니다. 가정예배에서 부모의 회심과 부모 정체성 세우기로 집의 터를 잡고, 자녀와 신뢰관계 세우기로 기둥을 세우시고, 말씀과 기도와 찬양으로 벽돌을 쌓고, 가정의 기독교 문화 세우기로 지붕을 덮어, 세상이 줄 수 없는 안식의 터를 확보할 수 있기 바랍니다. 가정예배만이 오늘 우리에게 닥친 사건들을 다시 말씀으로 바라보고 하나님의 언약과 능력으로 세상적인 삶의 방식을 강력하게 저항하게 하는 '안식'의 사건이 될 것입니다.

성경 가운데 수많은 가정들이 등장합니다. 그런데 하나님 앞에 은혜 받은 가정이 있는가 하면 그렇지 못한 가정도 있습니다. 은혜 받은 대표적인 가정은 우리가 너무나 잘 아는 아브라함의 가정입니다. 아브라함은 가는 곳마다 단을 쌓고 하나님의 이름을 불렀습니다(창 12:7-8, 13:18). 곧 예배드린 것입니다. 이삭도 단을 쌓았습니다(창 26:25). 야곱도 단을 쌓았습니다(창 33:18-20, 35:6-7). 하나님의 사람들은 모두 하나님께 예배드리는 삶을 살았습니다.

신약성경에 로마 군대의 백부장 고넬료는 베드로를 초청해 말씀을 듣기 위해 온 가족과 친구들을 모아 기다렸습니다. 성경은 "이튿날 가이사랴에 들어가니 고넬료가 일가와 가까운 친구들을 모아 기다리더니"(행 10:24)라고 기록하고 있습니다. 하나님의 은혜를 받기 위해 가족과 친척, 그리고 친구들을 다 모아 기다린 것입니다. 이는 평소 고넬료가 하나님 앞에 예배드리며 경건한 삶이 있었기 때문에 가능한 일이었습니다(행 10:1-2).

가정에서 가족이 드리는 예배를 하나님은 대단히 기뻐하십니다. 가정예배를 통해 가정의 모든 문제가 해결될 수 있습니다. 기도 제목들이 응답받게 되어 하나님께 영광 돌릴 수 있습니다. 각기 소견에 옳은 대로 행하는 시대 풍조에 휩쓸리지 않게 됩니다. 하나님을 더욱 더 사랑하게 됩니다. 하나님의 사랑을 크게 받게 됩니다.

천국은 하나님께 예배드리는 곳입니다. 하나님의 크신 은혜에 감사하며 찬송하는 곳입니다. 이 땅에서 우리가 가정과 교회에서 드리는 예배는 천국생활로 연결되는 것입니다.

1. 가정예배는 대안이 아니라 '하나님의 원안'입니다.
2. 가정예배는 형식이 아니라 '사건'입니다.
3. 이제는 교회와 부모가 자녀 세대를 '함께 양육'해야 합니다.
4. 자녀들이 우리 나이 되었을 때, 우리보다 더 믿음 좋은 성도로 교회 섬기는 것을 보기 원합니다.

● 가정예배 드리는 법 ●

1. 준비하기
정한 시간에 가정예배문과 성경, 찬송가를 미리 준비하고 예배드릴 장소를 정돈합니다.

2. 함께 찬양하기
제시된 찬양을 함께 부르며, 마음을 열고 우리에게 주실 하나님의 말씀을 기대합니다.

3. 함께 본문읽기
오늘 하나님께서 나에게 뭐라고 말씀하시는지 기대하는 마음으로 읽는 것이 중요합니다. 여러 방법으로 읽을 수 있습니다. 한 사람이 읽을 수 있고(봉독), 인도자와 가족이 한 절씩 교대로 읽을 수 있고(교독), 가족들이 한 절씩 돌아가며 읽을 수도 있습니다(윤독).

4. 함께 생각하기
본문 속으로 들어가기 전에 마음을 예열하는 의미로 읽는 예화 중심의 도움글입니다. 도움글을 읽은 후에 그 의미를 생각하면서 각자 느낀 점을 함께 나누어도 좋겠습니다.

5. 함께 관찰하기
하나님의 음성을 듣는 마음으로 본문의 요절들을 자세히 살펴보며 빈칸을 채워봅니다. 어린 자녀들의 경우, 말씀 각인을 위해 퀴즈처럼 진행하며 흥미롭게 진행해도 좋겠습니다.

6. 함께 나눠보기

주어진 2~3개의 질문을 가지고 가족들이 함께 서로의 생각과 느낀 점을 나눠
봅니다. 이때 일방적으로 주장하려 하지 말고, 좋은 말로 애정을 가지고 부드
럽게 나눕니다. 나눈 후에는 우리 생각을 정리해 주는 마지막 설명문을 읽고
함께 마음에 새깁니다.

7. 함께 기도하기

지금까지 나눈 내용을 가지고 하나님의 도우심을 구하며 함께 기도하며 마무
리합니다. 다양한 방법으로 기도하실 수 있습니다. ① 공동기도문은 가족 전
체가 함께 읽습니다. ② 주기도문으로 마쳐도 됩니다. ③ 부모가 자녀를 축복
하는 기도로 마칠 수도 있습니다.

8. 함께 축복하기

제시된 찬양으로 서로를 축복하고, 서로 안아주며, 따뜻한 사랑의 말을 함께
나눕니다. 끝으로 오늘의 중심구절(암송구절)을 함께 외우고 하나님의 능력으
로 아름다운 삶을 살아갑니다.

목 차

여호와의 인자하심은
자기를 경외하는 자에게
영원부터 영원 까지 이르며
그의 의는
자손의 자손에게 이르리니
(시편 103:17)

매일가정예배 | 온 가정이 함께 하나님을 만나는 시간 |

하나님이 천지를 창조하시니라

1 **찬 양 하 기** ● 갈 길을 밝히 보이시니 (찬 524장)

1) 갈 길을 밝히 보이시니 주 앞에 빨리 나갑시다
   우리를 찾는 구주 예수 곧 오라 하시네
2) 우리를 오라 하시는 말 기쁘게 듣고 즐겨 하세
   구주를 믿기 지체 말고 속속히 나가세
3) 주 오늘 여기 계시오니 다 와서 주의 말씀 듣세
   듣기도 하며 생각하니 참 이치시로다
후렴) 죄악 벗은 우리 영혼은 기뻐 뛰며 주를 보겠네
   하늘에 계신 주 예수를 영원히 섬기리

2 **본 문 읽 기**

창세기 1:1-5

중심 구절

> 1 태초에 하나님이 천지를 창조하시니라

더 깊이 읽기

✚ 본문을 빠르게 한 번, 천천히 한 번 묵상합니다.
✚ 마음에 와 닿는 내용·구절·단어는 무엇인가요?

영국의 물리학자 뉴턴은 만유인력을 발견한 것으로 유명합니다. 그런데 그에게 중요한 것은 무엇보다 신실한 신앙이었습니다. 그와 함께 천문학을 연구하던 친구가 있었는데, 그는 신을 부인하는 사람으로 "태양계란 그 자체의 힘으로 생성된 것이고 누가 만든 것이 아니다"라고 하였습니다. 어느날 뉴턴은 친구를 위하여 별이 빙글빙글 돌아가며 빛을 내는 태양계의 모형을 예쁘게 만들었습니다. 그러자 친구는 "누가 이렇게 아름답게 만들었나?"라고 물었습니다. 뉴턴이 답합니다. "아무도 만들지 않았네. 저절로 생겨나서 자기 힘으로 도는 것일세" "어떻게 만든 사람이 없이 저절로 만들어지고 돈단 말인가? 그런 일은 있을 수 없잖아?" "친구야! 이렇게 작은 장난감 따위도 그걸 만들고 움직이게 하는 사람이 있는데, 이 거대한 우주가 창조하신 분 없이 어떻게 한 치의 오차 없이 생겨나고 질서를 갖고 돌아갈 수 있겠나?" 뉴턴의 말은 친구의 불신앙을 움직였습니다.

① 태초에 □□□이 천지를 □□하시니라

② 땅이 □□하고 □□하며 흑암이 깊음 위에 있고 하나님의 □은 수면 위에 운행하시니라

③ 하나님이 이르시되 □□ □□□ 하시니 빛이 있었고 빛이 하나님이 보시기에 □□□□

5 **나 눠 보 기** ———————— 질문에 따라 묵상한 내용을 나눠주세요

① 자연을 관찰하며 하나님의 손길을 느낀 적이 있다면 나눠보세요.
② 하나님이 세상을 창조하셨다는 고백은 세상을 살며 나에게 어떤 영향을 미쳤나요?

세상에는 두 가지 가치관이 존재합니다. 세상이 '하나님의 창조로 만들어졌다'와 '우연히 존재한다'는 상반된 가치입니다. 많은 과학자들은 세상 만물의 움직임이, 생명의 탄생과 출현도, 우주의 질서도 우연히 만들어졌다고 믿습니다. 그러나 이 가치관은 열역학 제1법칙과 2법칙에 위배되고 서로 모순됩니다. 빅뱅과 진화론에는 증명하기 어려운 문제가 여전히 존재합니다. 그런데 하나님께서 세상을 창조하셨다는 가치관이자 신앙은, 세상의 모든 질서와 거기서 나아가 오늘을 살아가는 지금의 나까지도 우연이 아닌 하나님의 질서와 섭리, 목적을 따라 운행되고 있다는 사실을 믿게 해줍니다. 그러한 선포가 "하나님께서 태초에 천지를 창조하셨다"라는 말씀입니다.

이 말씀의 선포 위에 우리의 가치관을 세워가시기 바랍니다. ① 하나님께서 천지를 만드시고, ② 천지를 만드신 하나님께서 나를 만드셨으며, ③ 나를 만드신 하나님께서 내 삶을 인도해주실 것입니다.

6 **기 도 하 기** ———————— 함께 기도합니다

7 축 복 하 기

사랑의 주님이

작자 미상

사랑 의 주님 이 날 사 랑하시 네 내 모 습 이대 로 — 받으셨 네 —

사랑 의 주님 이 날 사 랑하듯 이 나도 너 를 사랑 하며 섬기 리 —

●◆ 오늘의 기도 제목과 응답

●◆ 오늘의 감사

◆ 참석자

매일가정예배

| 온 가정이 함께 하나님을 만나는 시간 |

하나님이 보시기에 심히 좋았더라

① 찬 양 하 기

● 주 하나님 지으신 모든 세계 (찬 79장)

1) 주 하나님 지으신 모든 세계 내 마음속에 그리어 볼 때
　 하늘에 별 울려퍼지는 뇌성 주님의 권능 우주에 찼네
2) 숲속이나 험한 산골짝에서 지저귀는 저 새소리들과
　 고요하게 흐르는 시냇물은 주님의 솜씨 노래하도다
3) 주 하나님 독생자 아낌없이 우리를 위해 보내주셨네
　 십자가에 피 흘려 죽으신 주 내 모든 죄를 대속하셨네
4) 내 주 예수 세상에 다시 올 때 저 천국으로 날 인도하리
　 나 겸손히 엎드려 경배하며 영원히 주를 찬양하리라
후렴) 주님의 높고 위대하심을 내 영혼이 찬양하네
　 주님의 높고 위대하심을 내 영혼이 찬양하네

② 본 문 읽 기

창세기 1:26-31

중심 구절

> 26 하나님이 이르시되 우리의 형상을 따라 우리의 모양대로 우리가 사람을 만들고 그들로 바다의 물고기와 하늘의 새와 가축과 온 땅과 땅에 기는 모든 것을 다스리게 하자 하시고

더 깊이 읽기

✚ 본문을 빠르게 한 번, 천천히 한 번 묵상합니다.
✚ 마음에 와 닿는 내용·구절·단어는 무엇인가요?

피카소의 초기 작품이 전시된 것으로 유명한 미국 아트 뮤지엄Art Museum, 워싱턴 D.C.이 있습니다. 그런데 피카소의 작품들에는 특이한 면이 있습니다. 어린애가 장난한 것 같기도 하고, 별로 대단하게 보이지 않는 미술품이 제법 됩니다. 그럼에도 피카소의 작품의 가치는 돈으로 매기기 어려울 정도입니다.

그중에 인상적인 작품이 하나 있습니다. 피카소가 자전거 안장, 핸들 등을 붙여 만든 작품인 '황소머리'(1942년작)는 그 값이 수백억입니다. 얼핏 사람들이 보기엔 버려진 쓰레기를 이어 붙인 것 같은 작품이, 피카소라는 거장의 손에서 값비싼 보물로 변신하였습니다. 그렇습니다. 누구의 손이 닿느냐에 따라 물건의 가치가 달라집니다.

우리의 인생도 마찬가지입니다. 우리의 가치는 과연 얼마만큼일까요? 우리는 하나님의 손끝에서 나온 작품이며, 하나님의 호흡이 깃든 창조의 정점입니다. 그렇기에 우리의 가치는 측량할 수 없습니다.

① 하나님이 자기 형상 곧 □□□의 □□대로 사람을 창조하시되 □□와 □□를 창조하시고

② 하나님이 그들에게 □을 주시며 하나님이 그들에게 이르시되 □□하고 □□하여 땅에 □□하라 땅을 □□하라 바다의 물고기와 하늘의 새와 땅에 움직이는 모든 생물을 □□□□ 하시니라

③ 하나님이 지으신 그 모든 것을 보시니 보시기에 □□ □□□□ 저녁이 되고 아침이 되니 이는 여섯째 날이니라

① 인간은 하나님의 형상을 따라 창조된 존재입니다. 나의 모습 중에 하나님을 닮은 부분을 찾아보세요.
② 하나님은 인간을 창조하시고 "심히 좋았다"고 말씀하십니다. 함께 모인 가족들의 모습 혹은 행동 중에 "참 좋다"고 칭찬할 내용을 찾아봅시다.

하나님께선 인간을 하나님의 형상을 따라 만드셨습니다. 참 고귀한 존재입니다. 인간이 고귀한 것은, 무엇보다 하나님을 닮았기 때문입니다. 우리 안에는 하나님께서 주신 양심을 따라 관계성, 책임성, 대리자의 모습이 존재하고 있으며, 하나님의 마음을 따라 세상과 이웃과 하나님과 인격적인 관계를 맺을 수 있는 능력이 있습니다.

또한 하나님께선 인간을 복 받은 존재로 만드셨습니다. 그 복은 단순히 물질적인 차원을 넘어섭니다. 우리가 하나님과의 관계가 친밀하여 어떤 상황 속에서도 평안을 누리고, 마음이 부요하며, 나아가 세상 가운데서도 하나님의 복을 드러내며 살아갈 수 있도록, 하나님께선 우리를 축복의 통로로 지으셨습니다.

또한 하나님께선 인간을 긍정적인 존재로 지으셨습니다. 하나님께서 우리를 보시며 "심히 좋았다"고 말씀하셨기 때문입니다. 우리는 우리가 상상하는 것 이상으로 존귀하고 아름다우며 능력과 고귀함을 누리며 살아갈 수 있는 존재입니다. 우리가 믿음으로 반응할 때 이런 창조의 힘이 우리를 주장하며 하나님의 사랑이 능력으로 나타날 것입니다.

6 　기 도 하 기 ──────────── 함께 기도합니다

7 축 복 하 기

사랑의 주님이

작자 미상

사랑 의주님 이날사 랑하시 네내모 습 이대 로—받으셨 네 —

사랑 의주님 이날사 랑하듯 이나도 너 를사랑 하며섬기 리 —

●◆ 오늘의 기도 제목과 응답

●◆ 오늘의 감사

◆ 참석자

매일가정예배　| 온 가정이 함께 하나님을 만나는 시간 |

둘이 한 몸을 이룰지로다

① 찬 양 하 기　　　　　　　● 사철에 봄바람 불어 잇고 (찬 559장)

1) 사철에 봄바람 불어 잇고 하나님 아버지 모셨으니
　　믿음의 반석도 든든하다 우리집 즐거운 동산이라
2) 어버이 우리를 고이시고 동기들 사랑에 뭉쳐있고
　　기쁨과 설움도 같이하니 한 간의 초가도 천국이라
3) 아침과 저녁에 수고하여 다 같이 일하는 온 식구가
　　한상에 둘러서 먹고마서 여기가 우리의 낙원이라
후렴) 고마워라 임마누엘 예수만 섬기는 우리집
　　고마워라 임마누엘 복되고 즐거운 하루하루

② 본 문 읽 기

창세기 2:18-25

중심 구절

> 23 아담이 이르되 이는 내 뼈 중의 뼈요 살 중의 살이라 이것을 남자에게서 취하였은즉 여자라 부르리라 하니라

더 깊이 읽기　　✚ 본문을 빠르게 한 번, 천천히 한 번 묵상합니다.
　　　　　　　　　✚ 마음에 와 닿는 내용·구절·단어는 무엇인가요?

미국 최초의 4선 대통령이자 많은 이들의 존경을 받는 루즈벨트를 잘 아실 겁니다. 그는 처음부터 사람들의 존경과 기대를 받지는 못했습니다. 젊은 시절에 갑자기 소아마비에 걸려 다리를 쇠붙이에 대고 고정시킨 채 휠체어를 타고 다녀야만 했기 때문입니다. 어느 날 아내인 엘레나와의 대화 중에 루즈벨트가 물었습니다. "내가 이렇게 장애인이 되었고 평생 이런 몸으로 불편히 지내야 하는데, 그래도 당신은 날 사랑합니까?" 엘레나가 말합니다. "당신은 내가 당신의 다리만 사랑한 줄 알았나요? 내가 사랑한 것은 당신의 다리만이 아니라 당신의 인격과 당신의 삶 전체에요." 이 말은 장애를 입은 뒤 자존감이 낮아지고 자격지심과 열등감, 패배의식에 짓눌린 루즈벨트에게 큰 용기를 주었습니다.

그 뒤로 루즈벨트는 1932년 미국의 대통령에 당선된 이래 1936년 재선, 1940년 3선, 1944년에 4선까지 당선되어 미국 역사상 전무후무한 4선 대통령이 되었습니다. 이것이 가족의 힘입니다. 가족이란 다른 무엇을 계산하고 따지기 전에 먼저 '내 편'이 되어 삶의 든든한 밑바탕이 되어주는 존재입니다.

① 여호와 하나님이 이르시되 사람이 □□ 사는 것이 좋지 아니하니 내가 그를 위하여 □□ □□을 지으리라 하시니라

② 아담이 이르되 이는 내 □ 중의 □요 □ 중의 □이라 이것을 □□에게서 취하였은즉 □□라 부르리라 하니라

③ 이러므로 □□가 □□를 떠나 그의 □□와 합하여 둘이 □ □을 이룰지로다

① 가정의 중심은 서로를 귀하게 여기고 자랑스러워하는 마음입니다. 함께 모인 가족의 장점을 두 가지씩 말해봅시다.

② 가정이 단단히 세워지기 위해선 서로 도와야 합니다. 이번 주 동안 서로 어떻게 도와줄 지 한 가지씩 정해 봅시다.

가족은 영어로 'FAMILY'입니다. 그런데 가족의 의미를 살려 많은 사람들이 이 단어를 이렇게 부릅니다. "Father And Mother, I Love You"아빠, 엄마, 사랑해요 얼마나 아름답고 마음을 따뜻하게 하는 말인가요?

하나님께서도 아담에게 가족을 만들어주셨습니다. 가장 먼저 외로워하는 그를 위해 갈빗대를 취하시고 여자를 만드셨습니다. 여자를 지으실 때 '돕는 배필'이란 아름다운 존재 목적을 더하셨습니다. 그런데 아담은 하나님께서 그녀를 창조하신 위대한 목적을 바로 알아보았습니다. 돕는 존재 그 이상으로, "이는 내 뼈 중의 뼈요 살 중의 살이라"고 감탄하였던 것입니다. 여자는 아담의 전부요, 자기 자신이며 모든 것과도 바꿀 수 없는 존재였습니다.

하나님께서 지으신 첫 가정의 모델 속에서 우리는 '서로를 돕는 가족, 서로를 감탄하는 가족'이 되어야 함을 깨닫게 됩니다. 먼저 남편과 아내가 서로 돕는 배필로서 도와주고 사랑하며, 나아가 온 형제자매가 서로의 부족함을 채워주고, 서로 격려와 칭찬으로 세워주어 내편이 되어주는 것이 가족이 행복할 수 있는 창조 원리입니다.

6   **기 도 하 기** —————————— 함께 기도합니다

7 축 복 하 기

사랑의 주님이

작자 미상

사랑 의주님 이날사 랑하시 네내모 습 이대로 —받으셨 네 —

사랑 의주님 이날사 랑하듯 이나도 너 를사랑 하며섬기 리 —

●◆ 오늘의 기도 제목과 응답 〰〰〰

●◆ 오늘의 감사 〰〰〰

◆ 참석자

매일가정예배 | 온 가정이 함께 하나님을 만나는 시간 |

아담아 네가 어디 있느냐

❶ 찬 양 하 기

● 변찮는 주님의 사랑과 (찬 270장)

1) 변찮는 주님의 사랑과 거룩한 보혈의 공로를
   우리 다 찬양을 합시다 주님을 만나 볼 때까지
2) 우리를 깨끗게 한 피는 무궁한 생명의 물일세
   생명의 구원을 받은 자 하나님 찬양을 합시다
3) 주님의 거룩한 보혈을 날마다 입으로 간증해
   담대히 싸우며 나가세 천국에 들어갈 때까지
4) 십자가 단단히 붙잡고 날마다 이기며 나가세
   머리에 면류관 쓰고서 주 앞에 찬양할 때까지
후렴) 예수는 우리를 깨끗게 하시는 주시니
   그의 피 우리를 눈보다 더 희게 하셨네

❷ 본 문 읽 기

창세기 3:1-13

중심 구절

> 9 여호와 하나님이 아담을 부르시며 그에게 이르시되 네가 어디 있느냐

더 깊이 읽기

✚ 본문을 빠르게 한 번, 천천히 한 번 묵상합니다.

✚ 마음에 와 닿는 내용·구절·단어는 무엇인가요?

요즘 시대에 무엇보다 가장 큰 문제거리를 꼽자면 각종 '중독'입니다. 이전에는 보통 '중독'을 떠올리면 약물을 남용하던 것을 떠올렸는데, 이는 영화나 뉴스에나 등장하는 극히 일부의 남의 이야기였습니다. 그런데 지금은 그 중독의 범위가 여러 층위로 다양하게 퍼져 문제가 됩니다. 음식, 마약, 사랑, 도박, 사람, 일, 핸드폰, 인터넷, 연애, 게임, SNS 등은 우리를 자극시키고 현재의 순간을 회피하게 만들며 무기력감을 잠시 잊게 만듭니다. 그런데 당연히도 처음부터 중독되길 각오하는 사람은 없습니다. 단지 '한 번만'으로 시작하지만 곧 다시 즐거웠던 자극을 기억하며 원하게 되고, 점차 더한 자극을 원하게 되면서 나도 모르게 중독에 빠지게 되어 쉽게 돌이킬 수 없는 결과를 낳습니다.

어떤 중독도 가벼운 중독은 없습니다. '한 번만'은 또 다른 '한 번만'을 불러옵니다. 우리의 착각은 언제든 그만둘 수 있을 것 같다는 무뎌진 경각심입니다. 이는 죄에도 마찬가지로 적용됩니다. '한 번만'은 우리의 죄성을 격려해주는 가장 달콤한 말입니다. 그러나 어느 죄도 한 번과 두 번 사이의 거리가 멀지 않습니다.

① 여자가 그 나무를 본즉 □□□도 하고 □□□도 하고 지혜롭게 할 만큼 □□□□□ 한 나무인지라 여자가 그 열매를 따 먹고 자기와 함께 있는 □□에게도 주매 그도 먹은지라

② 여호와 하나님이 □□을 부르시며 그에게 이르시되 □□ □□ □□□

③ 내가 너로 □□와 원수가 되게 하고 네 □□도 □□의 □□과 원수가 되게 하리니 여자의 후손은 네 □□를 상하게 할 것이요 너는 그의 □□□를 상하게 할 것이니라 하시고

① 최근에 유혹을 이기지 못해 후회되고 마음에 걸림이 되는 일이 있다면 나눠
   봅시다.
② 하나님이 지금 내게 찾아오신다면 부끄러운 마음으로 숨기지 못할 것이 무엇
   인지 생각해봅시다.

창세기가 시작되며 가장 경이로운 장면은 하나님께서 인간을 향해 "보시기에 참
좋았다"고 감탄하시는 장면일 것입니다. 그러나 비참하게도 인간은 죄와 참 가
까이 있습니다. 첫 사람들도 사탄의 유혹에 넘어가 타락해 버리고 말았습니다.
그리하여 하나님께서 주셨던 가장 귀한 선물인 하나님과의 관계, 하나님의 형상
을 손쉽게 잃어버리고 말았습니다. 에덴 동산을 잃어버린 결과는 참혹했습니다.
하나님과 깊이 교제하며 친밀하기만 했던 관계는 하나님 앞에 설 때 두려움이 먼
저 일어나는 관계로 변하였습니다. 서로 돕고 사랑하는 배필로서 맺어진 이웃과
의 관계는 아담이 여자를 힐난했듯, 책임을 전가하는 관계로 변질되었습니다. 자
연과 조화를 이루며 자연스러운 창조세계와의 관계는 서로를 공격하고 위협하
는 저주의 관계가 되었습니다. 무엇보다 가장 슬픈 것은, '보시기에 참 좋게' 창조
된 나 자신과의 관계가 '보기에 수치스럽다'고 변질되었습니다. 이는 하나님의 창
조가 모두 어그러졌음을 보여줍니다.
　　그러나 하나님께서는 인간을 긍휼히 여기십니다. 회복의 약속인 예수님을 보
내주셔서 하나님과의 관계 회복을 소망하게 하셨습니다(15절). 이제 죄악은 그
모양이라도 버려버리고, 하나님과 이웃과 자연과 나 자신과 회복된 관계를 잃지
않으시기 바랍니다.

6 **기 도 하 기** ──────────── 함께 기도합니다

⑦ 축 복 하 기

사랑의 주님이

작자 미상

◆● 오늘의 기도 제목과 응답

◆● 오늘의 감사

◆ 참석자

매일가정예배 | 온 가정이 함께 하나님을 만나는 시간 |

네 아우 아벨이 어디 있느냐

1 찬 양 하 기   ● 네 맘과 정성을 다하여서 (찬 218장)

1) 네 맘과 정성을 다하여서 주 너의 하나님을 사랑하라
   네 몸을 아끼고 사랑하듯 형제와 이웃을 사랑하라
   주께서 우리게 명하시니 그 명령 따라서 살아가리
2) 널 미워 해치는 원수라도 언제나 너그럽게 사랑하라
   널 핍박하는 자 위해서도 신실한 맘으로 복을 빌라
   주께서 우리게 명하시니 그 명령 따라서 살아가리
3) 나 항상 주님을 멀리하고 형제를 사랑하지 못하였다
   이러한 죄인을 사랑하사 주께서 몸 버려 죽으셨다
   속죄의 큰 사랑 받은 이 몸 내 생명 다 바쳐 충성하리 아멘

2 본 문 읽 기

창세기 4:1-15

중심 구절

> 9 여호와께서 가인에게 이르시되 네 아우 아벨이 어디 있느냐 그가 이르되 내가 알지 못하나이다 내가 내 아우를 지키는 자니이까

더 깊이 읽기   ✚ 본문을 빠르게 한 번, 천천히 한 번 묵상합니다.
✚ 마음에 와 닿는 내용·구절·단어는 무엇인가요?

북극에서 곰을 사냥하는 방법은 재밌습니다. 곰이 자주 다니는 길목의 나무에 커다란 돌덩이를 매달아 놓으면, 습관적으로 곰이 지나가다 돌덩이를 미처 보지 못하고 머리를 부딪힙니다. 그런데 우습게도 곰은 자기의 분에 못이겨서 자기를 때린 돌덩이를 다시 이마로 들이받는다고 합니다. 그러면 어떻게 될까요? 돌덩이는 부딪힌만큼 밀려갔다가 다시 세차게 밀려와 곰을 들이받습니다. 그럼 더욱 화가 난 곰은 이전보다 세게 돌덩이를 들이받습니다. 이렇게 어리석은 힘 겨루기를 반복하다 곰은 머리가 깨지고 결국 서서히 죽어간다고 합니다. 그러면 멀리서 지켜보던 사냥꾼이 곰 사냥에 승리하여 끌고 갑니다.

오늘날도 얼마나 많은 사람들이 어리석은 곰처럼 힘겨루기를 하며 자신을 파괴하는 하루를 살고 있습니까? 스스로 분을 다스리지 못하며, 필요 이상의 분노를 쏟아내고 관계가 더욱 곪아가게 만들고 있진 않습니까? 곰을 보고 어리석다고 할 것이 아니라, 자신을 치는 줄 알면서도 화를 삭히지 못해 분노로 일을 키워버리고 있진 않은지 곰을 통해 배워야 할 것입니다. 갈등 앞에서 분노를 다스리고 대화를 이어가는 것은 약함이 아니라 살 길을 내는 지혜입니다.

① 아벨은 자기도 양의 첫 새끼와 그 기름으로 드렸더니 여호와께서 □□과 □□ □□은 받으셨으나 □□과 □□ □□은 받지 아니하신지라

② 네가 □을 행하면 어찌 □을 들지 못하겠느냐 □을 행하지 아니하면 □가 □에 엎드려 있느니라 □가 너를 원하나 너는 □를 □□□□□□

③ 여호와께서 가인에게 이르시되 □ □□ □□이 □□ □□□ 그가 이르되 내가 알지 못하나이다 내가 내 □□를 지키는 자니이까

5 **나 눠 보 기** ─────────── 질문에 따라 묵상한 내용을 나눠주세요

① 최근에 화를 냈던 기억이 있습니까? 화를 참지 못해서 생긴 결과를 나눠봅시다.

② 하나님께서는 동생을 죽인 형에게 "네 아우 아벨이 어디 있느냐?"라고 질문하셨습니다. 이 질문의 의미는 무엇일까요?

인간은 타락으로 창조의 시작을 망쳤지만, 하나님은 생명의 역사를 계속 이어가시며 아담과 하와 사이에 가인과 아벨이라는 가족을 이루셨습니다. 형 가인은 농사를 하고, 동생 아벨은 양을 치는 일로 생계를 꾸렸습니다. 그리고 그동안 지은 제물을 정성껏 추려 하나님께 제사를 드렸습니다. 그런데 뜻밖에도 하나님은 동생 아벨과 그의 제물은 열납하셨는데 형 가인과 그의 제물은 받지 않으셨습니다. 왜냐하면, 하나님께서는 제물만이 아니라 그들의 삶을 보셨기 때문입니다.

하나님께서 제물 이전에 그들의 삶을 보셨음은 가인의 태도에서 드러납니다. 하나님께서 동생의 제물만 받으시자, 그 분노를 참지 못한 가인은 들판에서 동생을 쳐 죽이고 말았습니다. 하나님께서는 가인에게 "네 아우 아벨이 어디 있느냐?"라고 물으셨습니다. 이 질문은 하나님께서 받지 않으신 제사를 통해 그릇된 행실을 깨닫고 뉘우치지 못했느냐는 책망이었습니다. 또한 힘도 없고 형제 관계의 질서에서 더욱 약한 처지에 있는 '동생'을 살필 형의 책임은 있었냐는 탄식이기도 합니다.

우리의 행위를 살피시는 하나님께서는 끊임없이 우리에게 질문하십니다. 주일 예배 이전에 우리의 한 주간의 삶과 태도가 하나님께 드릴 제물이자 예배입니다.

6 **기 도 하 기** ─────────── 함께 기도합니다

7 축복하기

사랑의 주님이

작자 미상

사랑 의주님 이 날사 랑하시 네내모 습 이대 로—받으셨 네 —

사랑 의주님 이 날사 랑하듯 이 나도 너 를사랑 하며섬기 리 —

●◆ 오늘의 기도 제목과 응답

●◆ 오늘의 감사

◆ 참석자

매일가정예배 | 온 가정이 함께 하나님을 만나는 시간 |

에녹이 하나님과 동행하더니

1 찬 양 하 기

● 주와 같이 길 가는 것 (찬 430장)

1) 주와 같이 길 가는 것 즐거운 일 아닌가
  우리 주님 걸어가신 발자취를 밟겠네
2) 어린아이 같은 우리 미련하고 약하나
  주의 손에 이끌리어 생명 길로 가겠네
3) 꽃이 피는 들판이나 험한 골짜기라도
  주가 인도하는 대로 주와 같이 가겠네
4) 옛 선지자 에녹같이 우리들도 천국에
  들려 올라갈 때까지 주와 같이 걷겠네
후렴) 한걸음 한걸음 주 예수와 함께 날마다 날마다 우리 걸어가리

2 본 문 읽 기

창세기 5:18-24

중심 구절

24 에녹이 하나님과 동행하더니 하나님이 그를 데려
가시므로 세상에 있지 아니하였더라

더 깊이 읽기

✚ 본문을 빠르게 한 번, 천천히 한 번 묵상합니다.
✚ 마음에 와 닿는 내용·구절·단어는 무엇인가요?

❸ 생 각 하 기 —————— 인도자가 읽어주세요

북서 아메리카에 한 인디언 부족에는 독특한 문화가 있는데, 외부인이 부족을 지날 때 이 부족에는 '사람이 없구나'라고 생각하게 만든답니다. 어떻게 그럴 수 있냐면 마을에 발자국을 한 사람의 것만 남기기 때문입니다. 그런데 사실 이 마을에는 수백 명의 부족원들이 있습니다. 다만, 인디언들은 그들이 어떤 방향으로 갔는지를 알리고 싶지 않을 때 추장이 제일 선두에 걷고, 나머지 모든 부족이 일렬로 그를 따라가면서 추장이 밟았던 발자국을 정확히 밟고 지나감으로써 하나의 발자국만을 남긴 것입니다. 따라서 수백 명이 아니라 단 한 사람만이 지나간 것처럼 보입니다.

이와 같은 지혜로운 계교를 사용하기 때문에 이 부족의 적들은 그들이 간 길을 발견할 수 없으며, 따라서 그들을 따라잡을 수가 없게 됩니다.

오늘 우리도 예수님의 발자국과 하나되어 걸어가고 있는지를 생각해보면 좋겠습니다. 예수님이 먼저 가신 그 걸음에 내 걸음이 포개져 함께 걷는다면, 우리는 세상이 찾아낼 수 없는 사람, 예수님께 감춰진 사람, 예수님과 동행하는 믿음의 사람임을 알 수 있을 것입니다.

❹ 관 찰 하 기 —————— 빈 칸을 채워보세요

① 므두셀라를 낳은 후 □□□을 하나님과 동행하며 자녀들을 낳았으며

② 그는 □□□□□ 세를 살았더라

③ 에녹이 하나님과 □□하더니 하나님이 그를 데려가시므로 □□에 있지 아니하였더라

① 예수님의 발자국과 나의 발자국이 하나라고 느껴질만큼, 예수님을 잘 따르고 있는 모습이 있다면 나눠봅시다.
② 우리가 아는 이들 중에 하나님과 동행하는 모습이 아름답게 보여지는 분이 있다면 그 모습을 나눠봅시다.

성경은 '에녹은 죽음을 보지 않았다'고 분명히 밝히고 있습니다(히 11:5). 그런데 유다서 말씀에 따르면 에녹은 이 땅에서 회개를 촉구하며 심판에 대해서 경고하는 선지자였습니다. 에녹의 선포에는 독특한 점이 있었는데, 아직 예수님에 대한 계시조차 분명하지 않았던 고대에, 심판의 날에 성자의 재림에 대한 선포를 하였다는 것입니다. "아담의 칠대 손 에녹이 이 사람들에 대하여도 예언하여 이르되 보라 주께서 그 수만의 거룩한 자와 함께 임하셨나니 이는 뭇 사람을 심판하사"(유 1:14). 수만의 거룩한 자와 함께 임하신다는 말은 성도들과 함께 오실 그리스도의 재림에 대한 선포입니다.

재림에 대하여 선포하던 에녹이었기에, 하나님은 에녹을 통해 재림의 날에 '성도들이 입을 은혜'가 무엇인지 먼저 경험케 하시어 남아있는 모든 사람들과 우리에게 은혜의 실체를 보여주십니다. 그것은 '죽음을 보지 않는 영생'입니다. 주님이 재림하시면, 우리도 그와 같은 모습으로 변화할 것입니다.

에녹이 죽음을 보지 않고 하나님 품에 안길 수 있었던 이유는 그가 하나님과 동행했기 때문입니다. 말 그대로 하나님과 함께 걷는 것입니다. 하나님께서 원하시는 것은 동행입니다. 우리가 하나님과 뜻을 함께하여 걷기를 원하십니다. 하나님이 원하시는 것은 우리 인생의 놀라운 결과물이 아닙니다. 하나님이 원하시는 것은 하나님이 계신 곳에 우리가 함께 있는 것입니다.

6 기 도 하 기 ——————— 함께 기도합니다

7 축 복 하 기

●◆ 오늘의 기도 제목과 응답

●◆ 오늘의 감사

◆ 참석자

매일가정예배 | 온 가정이 함께 하나님을 만나는 시간 |

내가 그것들을 지었음을 한탄함이니라

1 찬 양 하 기

● 어둔 죄악 길에서 (찬 523장)

1) 어둔 죄악 길에서 목자없는 양같이 모든 사람 길 찾아 헤맨다
   자비하신 하나님 독생자를 보내사 너를 지금 부르니 나오라
2) 험한 십자가 위에 달려 돌아가신 주 다시 살아 나셨네 기쁘다
   죄인 구원하실 때 어서 주께 나아와 크신 은혜 구하라 구하라
3) 주의 귀한 말씀에 영원 생명 있나니 주님 너를 용서해 주신다
   주가 부르실 때에 힘과 정성 다하여 주의 은혜 받으라 받으라
4) 세월 빨리 흐르고 세상 친구 가는데 너의 영혼 오늘 밤 떠나도
   주의 구원 받으면 천국에서 영원히 주와 함께 살리라 살리라
후렴) 이때라 이때라 주의 긍휼 받을 때가 이때라
   지금 주께 나아와 겸손하게 아뢰라 구원함을 얻으리 얻으리

2 본 문 읽 기

창세기 6:1-8

중심 구절

> 7 이르시되 내가 창조한 사람을 내가 지면에서 쓸어 버리되 사람으로부터 가축과 기는 것과 공중의 새까지 그리하리니 이는 내가 그것들을 지었음을 한탄함이니라 하시니라

더 깊이 읽기

✛ 본문을 빠르게 한 번, 천천히 한 번 묵상합니다.
✛ 마음에 와 닿는 내용·구절·단어는 무엇인가요?

미국의 어느 집 앞의 특별한 문구가 사람들의 눈길을 사로잡습니다. "이 집은 작습니다. 하지만 이 집은 위대한 집입니다. 왜냐하면 이 집의 후손들에 의해 오늘의 미국이 빛을 발하게 되었기 때문입니다." 이 집의 주인은 바로 위대한 전도자, 조나단 에드워즈와 사라 부부였습니다.

에드워즈 부부의 가계에서 부통령 1명, 대학 총장 12명, 교수 65명, 의사 60명, 성직자 100명, 판사 30명, 하원의원 3명, 상원의원 2명, 그리고 수많은 기독교인이 나왔습니다(미국의 교육가 알버트 윈쉽-Albert E. Winship의 연구).

그런데 흥미롭게도, 그와 같은 시대를 살았던 '맥스 쥬크'는 신앙을 떠나 방탕한 삶을 살았는데, 이 쥬크의 후손들을 조사해보니 거지 310명, 도둑 60명, 살인자 70명, 유아 사망 309명, 매춘부 50명이었습니다.

조나단 에드워즈와 맥스 쥬크 가문의 결말은 결코 우연이 아닙니다. 하나님을 떠나 방탕한 삶을 살아가면 하루 하루의 행동과 삶을 대하는 태도, 시련과 고난 속에서 삶을 바라보는 비전이 결코 아름답고 견고할 수 없습니다. 오직 하나님 안에서 우리는 참된 인생을 살아갈 수 있습니다.

④ 관 찰 하 기 ——————— 빈 칸을 채워보세요

① 여호와께서 이르시되 나의 □이 영원히 사람과 함께 하지 아니하리니 이는 그들이 □□이 됨이라 그러나 그들의 날은 □□□ 년이 되리라 하시니라

② 여호와께서 사람의 □□이 세상에 □□□과 그의 마음으로 생각하는 모든 □□이 항상 □□ □□을 보시고

③ 그러나 □□는 여호와께 □□를 입었더라

① 홍수와 물난리로 어려움을 겪었던 지구촌의 사건을 떠올리며 느껴지는 마음을 나눠봅시다.

② 노아는 홍수 심판 중에도 하나님의 은혜를 입었습니다. 어려운 상황 속에서 하나님의 은혜로 감동되었던 때의 기억을 나눠봅시다.

하나님의 축복 속에 인간은 생육하고 번성하여 땅을 뒤덮었습니다. 그런데 셋의 후손인 경건한 하나님의 아들들과 가인의 후예인 불경건한 사람들이 뒤섞여서 심각한 죄악이 만연하게 되었습니다. 죄악이 한데 뒤섞인 세상의 모습은 두 가지로 요약되는데 하나는 죄악으로 인한 '부패'이고, 다른 하나는 포악함으로 함부로 살아가는 '폭력'의 모습입니다.

　이런 모습이 멈춰지지 않자 결국 하나님은 심판의 칼을 빼드셨습니다. 바로 홍수 심판입니다. 그런데 홍수 심판 중에 우리가 의미심장하게 기억해야 할 것이 있습니다. 먼저, 하나님에 의해서만 움직이는 배(방주)라는 사실과, 오직 한 척 뿐인 방주는 구원에는 한 길(오직 예수)밖에 없다는 것, 그리고 유일한 구원의 통로인 방주는 오늘날의 '교회'라는 것입니다.

　오늘 말씀 중에 가장 중요한 구절은 "그러나 노아는 여호와께 은혜를 입었더라"라는 말씀입니다. 모두가 "괜찮다 괜찮다, 다 이렇게 산다" 하며 죄악에 무뎌지고 만연해질 때, '그러나 노아는' 하나님의 편에서 우직하게 믿음의 태도로 생활했습니다. 노아만이 하나님께서 기억하시는 한 사람, 은혜를 입은 자녀가 되었습니다.

⑥　　기 도 하 기 ───────── 함께 기도합니다

7 **축 복 하 기**

사랑의 주님이

작자 미상

오늘의 기도 제목과 응답

오늘의 감사

◆ 참석자

매일가정예배

| 온 가정이 함께 하나님을 만나는 시간 |

그들을 온 지면에 흩으셨더라

1 찬 양 하 기

● 예수 우리 왕이여 (찬 38장)

1) 예수 우리 왕이여 이곳에 오셔서
   우리가 왕께 드리는 영광을 받아 주소서
   우리는 주님의 백성 주님은 우리 왕이라
   왕이신 예수님 오셔서 좌정하사 다스리소서
2) 예수 우리 주시여 이곳에 오셔서
   우리가 주께 드리는 찬양을 받아 주소서
   우리는 주님의 종들 주님은 우리 주시라
   주 되신 예수님 오셔서 이 찬양을 받아주소서

2 본 문 읽 기

창세기 11:1-9

중심 구절

> 9 그러므로 그 이름을 바벨이라 하니 이는 여호와께서 거기서 온 땅의 언어를 혼잡하게 하셨음이니라 여호와께서 거기서 그들을 온 지면에 흩으셨더라

더 깊이 읽기

➕ 본문을 빠르게 한 번, 천천히 한 번 묵상합니다.

➕ 마음에 와 닿는 내용·구절·단어는 무엇인가요?

2월
넷째 주간

맥스 루케이도의 유명한 작품인『너는 특별하단다 2』에는 '웸믹'이라는 나무 사람들이 나옵니다. 어느 날 웸믹들 사이에 상자와 공을 서로 사모으려는 열풍이 불었습니다. 상자와 공이 많으면 훌륭하고, 적으면 별 볼일 없는 웸믹이라는 꼬리표가 붙었기 때문입니다. 주인공 펀치넬로도 사랑받는 웸믹이 되고 싶어서 자신의 집까지 팔아가며 열심히 사모았습니다. 하지만 아무리 애써도 언제나 자기보다 다른 웸믹들이 항상 더 많은 상자와 공을 가진 것처럼 보여 주눅들었습니다. 그런데 어느 날, 이제부터는 공과 상자를 갖고 가장 높은 곳에 올라가는 웸믹이 가장 훌륭하다고 규칙이 바뀌었습니다. 웸믹들은 상자와 공을 잔뜩 들고 산꼭대기를 향해 우루루 달려가기 시작했습니다. 넘어지고, 다투고, 팔꿈치로 서로를 치는 부상도 발생했습니다. 그러자 웸믹을 만드는 목수 '엘리 아저씨'가 펀치넬로에게 묻습니다. "내가 왜 나무 사람을 만들었다고 생각하니? 네가 상자와 공을 얻기 위해 무엇을 대가로 치렀는지 아니?" 펀치넬로가 "책과 돈과 집이요"라고 대답합니다. 그러자 엘리 아저씨는 "너는 네 행복을 대가로 치른 거란다. 넌 친구들과의 우정도 잃었어. 무엇보다도 믿음을 잃었지. 넌 내가 너를 행복하게 살게끔 만들었다는 것을 믿지 못했어. 대신 넌 상자와 공을 믿었을 뿐이란다."

① 온 땅의 □□가 하나요 □이 하나였더라

② 또 말하되 자, □□과 □을 건설하여 그 □ 꼭대기를 □□에 닿게 하여 우리 □□을 내고 온 지면에 □□□을 면하자

③ 그러므로 그 이름을 □□이라 하니 이는 여호와께서 거기서 온 땅의 언어를 □□하게 하셨음이니라 여호와께서 그들을 온 □□에 흩으셨더라

① 사람들의 부추김을 따르다가 마음이 혼란하고 중심을 잃었던 경우가 있는지 나눠봅시다.

② '고지(높이)에 대한 갈망'은 허망한 결과를 낳을 뿐입니다. 실체가 없기 때문입니다. 겸손히 하나님과 동행하는 삶을 위한 실천 방안을 떠올려 봅시다.

바벨탑 사건은 우리에게 참 의미심장한 교훈을 줍니다. 먼저는 바벨탑을 통해 인간의 문명(도시)을 건설하고 인간의 힘으로 복된 삶을 이뤄낼 수 있다는 욕망이고, 둘째로 하나님께 닿을 수 있을만큼 높은 탑을 쌓아 하나님의 위치에 다다르려던 교만입니다. 셋째로 "우리 스스로 이름을 내자"라고 말하며 인간의 삶에서 하나님의 권위를 몰아냈고, 넷째는 "온 지면에 흩어짐을 면하자"고 하면서 하나님의 다스리심을 방어한 것입니다.

바벨탑의 계획은 곧 하나님을 향한 반역이자 인간의 힘에 대한 과신이고 하나님의 개입을 거부한 독립선언을 의미합니다. 현대에 눈부시게 발달하는 과학기술 문명과 자본주의 사고방식은 여전히 우리 눈과 마음에 바벨탑과 같은 욕망을 부추깁니다. '우리끼리 잘 살아보자'고 하는 이상이 실제로 이루어질 수 있다는 교만과 허영, 무신론과 물질숭배사상이 넘쳐나고 있습니다.

마침내 하나님께서는 말을 혼잡하게 하시고 사람들을 흩어버리셨습니다. 인간은 똘똘뭉쳐 하나님없이 하나님을 대체할 능력을 스스로 세울 수 있으리라는 환상으로 살아갑니다. 그러나 역사는 반복하여 인간이 스스로 뭉칠 수 없고 또 그런 환상적인 힘이 결국 존재할 수 없는 허영임을 보여줍니다. 왜냐하면 인간의 뿌리깊은 이기심은 인간의 '하나 됨'을 결코 허용하지 않기 때문입니다.

6 기 도 하 기 ──────────── 함께 기도합니다

사랑의 주님이

작자 미상

사랑 의주님 이 날 사 랑하시 네 내모 습 이대 로─받으셨 네 ─

사랑 의주님 이 날 사 랑하듯 이 나 도 너 를사랑 하며섬기 리 ─

●❖ 오늘의 기도 제목과 응답 〰〰〰〰〰〰〰〰〰〰〰〰〰〰〰〰〰〰〰〰〰〰〰〰〰〰〰〰〰〰〰〰〰

●❖ 오늘의 감사 〰〰

◆ 참석자

매일가정예배 | 온 가정이 함께 하나님을 만나는 시간 |

내가 네게 보여줄 땅으로 가라

① 찬 양 하 기   ● 주와 같이 길 가는 것 (찬 430장)

1) 주와 같이 길 가는 것 즐거운 일 아닌가
   우리 주님 걸어가신 발자취를 밟겠네
2) 어린아이 같은 우리 미련하고 약하나
   주의 손에 이끌리어 생명 길로 가겠네
3) 꽃이 피는 들판이나 험한 골짜기라도
   주가 인도하는 대로 주와 같이 가겠네
4) 옛 선지자 에녹같이 우리들도 천국에
   들려 올라갈 때까지 주와 같이 걷겠네
후렴) 한 걸음 한 걸음 주 예수와 함께 날마다 날마다 우리 걸어가리

② 본 문 읽 기

창세기 12:1-9

중심 구절

> 2 내가 너로 큰 민족을 이루고 네게 복을 주어 네 이
> 름을 창대하게 하리니 너는 복이 될지라

더 깊이 읽기   ➕ 본문을 빠르게 한 번, 천천히 한 번 묵상합니다.
➕ 마음에 와 닿는 내용·구절·단어는 무엇인가요?

③ 생 각 하 기 ———————— 인도자가 읽어주세요

멕시코에 있는 쿠이케텍 인디언과 체르탈 인디언의 방언에는 '믿는다'라는 말과 '순종한다'라는 말이 함께 공존하고 있습니다. 한 단어에 두 의미가 함께 포함되어 있는 것입니다. 이것을 안 초기 선교사들은 발달하지 않은 인종의 언어라서 언어의 개념이 나눠지지 않았다고 생각하며 그들의 언어는 불완전하다고 하였습니다.

그러나 도리어 그들은 두 단어를 애써 구별하려는 문명인들을 이상하게 생각하였습니다. 그들은 이 두 말이 반드시 하나가 되어야 한다고 생각하면서 이렇게 반문합니다. "믿으면 순종하게 되지 않습니까?" 이것은 믿는다는 것은 곧 순종하는 것임을 말하고 있습니다.

우리는 하나님께 순종하지 않으면서도 하나님을 믿는 얼굴이 두꺼운 존재일수 있습니다. 즉 우리 자신을 믿음의 외식자로 날마다 만들어가고 있습니다. 쿠이케텍 인디언과 체르탈 인디언이 비록 미개하다 할지라도 현대인들보다 훨씬 더 진리에 다가서 있습니다. 적어도 그들은 현대인들이 빠져 있는 종교적 자가분열중에는 걸려 있지 않기 때문입니다.

④ 관 찰 하 기 ———————— 빈 칸을 채워보세요

① 여호와께서 아브람에게 이르시되 너는 너의 고향과 친척과 아버지의 집을 □□ 내가 네게 보여 줄 땅으로 □□

② 내가 너로 큰 □□을 이루고 네게 □을 주어 네 □□을 창대하게 하리니 너는 □이 될지라

③ 여호와께서 아브람에게 나타나 이르시되 내가 □ □을 네 □□에게 주리라 하신지라 자기에게 나타나신 여호와께 그가 그곳에서 □□을 쌓고

⑤　나 눠 보 기 ──────── 질문에 따라 묵상한 내용을 나눠주세요

① 하나님의 부름을 받고 아브람이 고향과 친척과 아버지의 집을 떠난 것처럼 우리가 하나님께 순종하여 떠나야 할 것은 무엇인지 나누어 봅시다.
② 하나님의 말씀에 믿음으로 잘 순종하여 복을 받고, 축복의 통로가 되었던 경험들을 함께 나누어 봅시다.

창세기에서 족장의 역사는 인간의 타락과 죄악의 증가로 결국은 실패한 역사로 마쳤습니다. 하나님은 새로운 구속사를 시작하면서 아브람을 선택하셨습니다. 하나님은 아브람에게 소명을 주시면서 '떠나', '가라'고 말씀하셨습니다. 하나님의 '새 일'을 위해서는 죄악의 과거를 떠나야 하고, 새로운 사명을 향해 나아가야 합니다.

하나님은 아브람에게 땅과 후손에게 주시겠다고 약속해 주셨습니다. 이것은 결국 민족에 관한 약속인데 그 민족을 통하여 하나님의 구원역사를 이루어 나가기 위함이었습니다. 그리고 하나님은 아브람에게 복을 주시고 그에게 복 그 자체가 되게 해주시겠다고 말씀하셨습니다. 뿐만 아니라 아브람을 '축복의 통로'로 약속하셨습니다.

아브람은 온전히 순종하여 나아갔고 마침내 가나안 땅에 들어갔습니다. 그리고 가는 곳마다 제단을 쌓고 여호와의 이름을 불렀습니다. '순종'은 가장 중요한 신앙 덕목이며 핵심 신앙정신입니다. 아담의 불순종으로 인류는 죄와 사망 가운데 빠졌고 예수님의 순종으로 우리는 구원받았습니다. 진실로 순종함으로써 하나님의 뜻을 온전히 이루는 가정이 됩시다.

⑥　기 도 하 기 ──────── 함께 기도합니다

7 축 복 하 기

오늘의 기도 제목과 응답

오늘의 감사

◆ 참석자

매일가정예배 | 온 가정이 함께 하나님을 만나는 시간 |

네 자손이 이와 같으리라

1 찬 양 하 기

● 구주 예수 의지함이 (찬 542장)

1) 구주 예수 의지함이 심히 기쁜 일일세
   영생 허락 받았으니 의심 아주 없도다
2) 구주 예수 의지함이 심히 기쁜 일일세
   주를 믿는 나의 마음 그의 피에 적시네
3) 구주 예수 의지하여 죄악 벗어 버리네
   안위 받고 영생함을 주께 모두 얻었네
4) 구주 예수 의지하여 구원함을 얻었네
   영원 무궁 지나도록 주여 함께 하소서
후렴) 예수 예수 믿는 것은 받은 증거 많도다
   예수 예수 귀한 예수 믿음 더욱 주소서 아멘

2 본 문 읽 기

창세기 15:1-11

중심 구절

> 6 아브람이 여호와를 믿으니 여호와께서 이를 그의
> 의로 여기시고

더 깊이 읽기

✚ 본문을 빠르게 한 번, 천천히 한 번 묵상합니다.
✚ 마음에 와 닿는 내용·구절·단어는 무엇인가요?

아브라함 링컨 대통령이 마차를 타고 켄터키주를 방문하고 있었습니다. 그때 한 육군 대령이 대통령에게 얼음을 탄 위스키를 권하였습니다. 링컨은 이를 정중하게 거절하였습니다. "대령, 성의는 고맙지만 사양하겠소." 대령은 잠시 후 주머니에서 담배 한 개비를 꺼내 또 링컨에게 권하였습니다. 그러자 링컨은 대령에게 거듭 사양의 뜻을 전한 후 이야기 하나를 들려 주었습니다.

"아홉 살 때 어머니가 나를 침대 곁에 앉혀놓고 말씀하셨소. '에이브야, 이제 나는 회복이 불가능하단다. 내가 죽기 전에 너는 나와 한 가지 약속을 해야겠다. 평생 술과 담배를 입에 대지 않겠다고 약속해줄 수 있겠니?' 그날 나는 어머니와 약속했소. 그리고 지금까지 이 약속을 지켜왔소. 이것이 바로 내가 술과 담배를 거절하는 이유라오." 이 이야기를 들은 대령은 링컨에게 깊이 머리를 숙여 존경의 뜻을 표하였습니다. 링컨이 국민들로부터 존경을 받는 것은 그가 이처럼 약속을 소중하게 생각했기 때문이었습니다. 약속을 반드시 지키는 사람에게는 하나님께서 큰 복을 내려 주십니다.

① 이 후에 여호와의 말씀이 □□ 중에 아브람에게 임하여 이르시되 아브람아 □□□□□ 말라 나는 네 □□요 너의 지극히 큰 □□이니라

② 그를 이끌고 밖으로 나가 이르시되 □□을 우러러 □□을 셀 수 있나 보라 또 그에게 이르시되 네 □□이 이와 같으리라

③ 아브람이 여호와를 □□□ 여호와께서 이를 그의 □로 여기시고

⑤ 나눠보기 ———————— 질문에 따라 묵상한 내용을 나눠주세요

① 다른 사람이 나와의 약속을 지키지 못하여 낙심하거나 실망한 경험이 있다면 나눠보고, 약속을 지키지 못한 이유가 무엇인지 생각해 봅시다.
② 하나님은 약속해 주신 것을 반드시 이루어 주십니다. 하나님께서 우리와 약속해 주신 것을 이루어 주셨던 경험을 서로 나눠봅시다.

족장사는 하나님의 약속의 그림을 보여줍니다. 하나님은 아브람에게 은혜를 베풀어 주시고 수시로 약속을 재확인해 주셨습니다.

가나안 땅에 흉년이 들어 애굽으로 갔을 때, 하나님은 아브람에게 은혜를 베풀어 주시며 회복시키셨습니다. 아브람이 양이 먹을 목초지로 조카 롯과 다툼이 생겼고 아브람이 희생적인 제안을 했을 때도 하나님께서는 아브람과의 약속을 재확인시켜 주셨습니다. 또한 가나안 땅에 전쟁이 일어나 아브람이 그 전쟁에 휘말렸을 때도, 하나님께서 아브람을 승리하게 해주셨습니다.

이 전쟁 후에 보복이 있을까 두려워하는 아브람에게 하나님은 다시금 나타나셔서 용기를 주십니다. "나는 네 방패요 큰 상급이라", "네 자손이 하늘의 별과 같게 될 것이라"고 약속해주셨습니다. 또한 약속을 굳게 믿는 아브람에게 그의 믿음을 보시고 그를 의롭다 여겨주셨습니다.

참된 신앙은 이처럼 우리에게 베풀어 주시는 하나님의 은혜와 약속을 믿고 의지하는 것입니다. 이 믿음으로 세상 유혹에서 날마다 승리하시고, 삶에서 하나님의 약속이 성취되는 복을 누리시기 바랍니다.

⑥ 기도하기 ———————— 함께 기도합니다

7 축복하기

사랑의 주님이

작자 미상

사랑 의주님 이날사 랑하시 네내모 습 이대 로—받으셨 네 —

사랑 의주님 이날사 랑하듯 이나도 너 를사랑 하며섬기 리 —

❖ 오늘의 기도 제목과 응답 ∼∼∼∼∼∼∼∼∼∼∼∼∼∼∼∼∼∼∼∼∼∼∼∼∼∼∼∼∼∼∼∼

❖ 오늘의 감사 ∼∼

◆ 참석자

매일가정예배 | 온 가정이 함께 하나님을 만나는 시간 |

십 명으로 말미암아 멸하지 아니하리라

1 **찬 양 하 기**

● 아 하나님의 은혜로 (찬 310장)

1) 아 하나님의 은혜로 이 쓸데없는 자
   왜 구속하여 주는지 난 알 수 없도다
2) 왜 내게 굳센 믿음과 또 복음 주셔서
   내 맘이 항상 편한지 난 알 수 없도다
3) 왜 내게 성령 주셔서 내 마음 감동해
   주 예수 믿게 하는지 난 알 수 없도다
4) 주 언제 강림하실지 혹 밤에 혹 낮에
   또 주님 만날 그곳도 난 알 수 없도다
후렴) 내가 믿고 또 의지함은 내 모든 형편 아시는 주님
   늘 보호해 주실 것을 나는 확실히 아네

2 **본 문 읽 기**

창세기 18:22-33

중심 구절

32 아브라함이 또 이르되 주는 노하지 마옵소서 내가
이번만 더 아뢰리이다 거기서 십 명을 찾으시면 어찌
하려 하시나이까 이르시되 내가 십 명으로 말미암아
멸하지 아니하리라

더 깊이 읽기

✚ 본문을 빠르게 한 번, 천천히 한 번 묵상합니다.

✚ 마음에 와 닿는 내용·구절·단어는 무엇인가요?

어느 기독교 라디오 방송국의 생방송 중에 한 농부가 전화를 했습니다. "저는 이 동네에서 농사지으며 사는 신을 믿지 않는 사람입니다." "네. 그런데 어떤 일로 전화를 주셨습니까?" 농부는 자신이 하나님이 없다는 사실을 증명할 수 있다며 "나는 솔직히 기독교를 잘 모릅니다. 하나님이 누구인지, 예수님이 누구인지 알지도 못하고 관심도 없습니다. 그러나 이런 나 같은 사람이 신앙이 좋다는 사람보다도 훨씬 잘 살고 있습니다. 우리 농장 옆에는 신앙이 정말 좋은 농부가 살고 있지만 우리 밭에서 자란 곡식이 거의 갑절이나 많습니다. 이 일을 어떻게 설명하실 수 있겠습니까? 내 머리로는 아무리 생각해도 하나님이 없다는 증거로밖에 생각되지 않습니다" 라고 말했습니다.

이 말을 들은 진행자는 "농사를 짓는 실력이 좋으신 것 같군요. 축하드립니다. 그리고 이 말씀을 꼭 드리고 싶네요. 하나님은 가을마다 결산하시는 분이 아닙니다. 물론 연말에 결산하시는 분도 아니고요. 하나님의 결산은 우리의 인생이 끝나는 순간에 찾아온답니다."

우리 앞에는 분명 하나님의 심판이 있습니다. 그러나 당장이 아니라 인생 끝날까지 심판을 미루시는 이유는 우리에게 돌이킬 수 있는 기회를 주신 것입니다. 이런 하나님의 은혜를 붙들고 지금 돌이킬 줄 알아야 하겠습니다.

① 주께서 이같이 하사 □□을 □□과 함께 죽이심은 부당하오며 의인과 악인을 같이 하심도 부당하니이다 세상을 □□하시는 이가 □□를 행하실 것이 아니니이까

② 여호와께서 이르시되 내가 만일 □□ □□ 가운데에서 □□ □□ 명을 찾으면 그들을 위하여 온 지역을 □□하리라

5 **나 눠 보 기** ———————— 질문에 따라 묵상한 내용을 나눠주세요

① 우리 하나님은 참 좋으신 분임과 동시에 죄에 대해 반드시 심판하시는분이시라는 사실은 우리에게 무엇을 생각하게 하는지 나눠봅시다.
② 하나님이 심판하신 소돔과 오늘 이 세상을 대조해보고, 하나님이 찾는 한 사람이 되기 위해 우리는 어떻게 해야 할지 나눠봅시다.

하나님은 아브람의 이름을 '아브라함'으로 바꾸셨습니다. 또 하나님은 아브라함에게 소돔의 심판에 대하여 알려주셨습니다. 그때 아브라함은 의인을 악인과 함께 멸하심은 부당하다고 하며, 의인 오십 명이 있을지라도 멸하시겠는지 하나님께 여쭈었습니다. 이렇게 시작한 대화 끝에 하나님께서는 "내가 십 명으로 말미암아 멸하지 아니하리라"고 분명히 말씀해주셨습니다.

하나님의 명령을 받든 두 천사가 소돔을 찾아갔을 때에 음란과 폭력의 소돔 땅의 모습은 참으로 심각하였습니다. 결국 하나님은 소돔과 고모라에 유황과 불을 비같이 내려 악한 자들을 심판하셨습니다.

이러한 소돔성의 심판을 통하여 우리를 향하신 하나님의 교훈을 깊이 묵상해야 합니다. 첫째, 하나님은 죄에 대해 분명히 심판하신다는 사실입니다. 둘째, 하나님은 죄악에 대하여 반드시 심판하시지만, 이중에도 한 생명이라도 구원하시기를 원하시며 끝없이 은혜를 베푸신다는 사실입니다. 셋째, 소돔은 결국 의인 열 사람이 없어서 멸망당한 것을 기억하고 우리는 하나님이 찾으시는 한 사람이 되고(렘 5:1), 이 시대에 남은 자remnant가 되어야 하겠습니다. 이 시대의 남은 자들이 되시기 바랍니다.

6 **기 도 하 기** ———————— 함께 기도합니다

사랑의 주님이

작자 미상

사랑 의주님 이 날 사 랑하시 네 내 모 습 이대 로—받으셨 네 —

사랑 의주님 이 날 사 랑하듯 이 나도 너 를 사랑하며 섬기 리 —

◆◆ 오늘의 기도 제목과 응답

◆◆ 오늘의 감사

◆ 참석자

매일가정예배

| 온 가정이 함께 하나님을 만나는 시간 |

여호와 이레

① 찬 양 하 기

● 태산을 넘어 험곡에 가도(찬 445장)

1) 태산을 넘어 험곡에 가도 빛 가운데로 걸어가면
   주께서 항상 지키시기로 약속한 말씀 변치않네
2) 캄캄한 밤에 다닐지라도 주께서 나의 길 되시고
   나에게 밝은 빛이 되시니 길 잃어버릴 염려 없네
3) 광명한 그 빛 마음에 받아 찬란한 천국 바라보고
   할렐루야를 힘차게 불러 날마다 빛에 걸어가리
후렴) 하늘의 영광 하늘의 영광 나의 맘 속에 차고도 넘쳐
   할렐루야를 힘차게 불러 영원히 주를 찬양하리

② 본 문 읽 기

창세기 22:1-19

중심 구절

> 14 아브라함이 그 땅 이름을 여호와 이레라 하였으므로 오늘날까지 사람들이 이르기를 여호와의 산에서 준비되리라 하더라

더 깊이 읽기

✚ 본문을 빠르게 한 번, 천천히 한 번 묵상합니다.
✚ 마음에 와 닿는 내용·구절·단어는 무엇인가요?

③ 생 각 하 기
——————————— 인도자가 읽어주세요

탈무드에 나온 이야기입니다. 어느 날 존경받는 한 랍비가 먼 길을 여행하게 되었는데, 책을 보기 위한 등불과 시간을 알리는 수탉, 그리고 나귀와 성경을 가지고 길을 떠났습니다. 날이 어두워지자 한 마을에 들어가 하룻밤 머물고자 하였지만 마을 사람들의 반대로 머물 수 없었습니다. 결국 랍비는 변두리에서 노숙을 하게 되었습니다. 그날 밤, 잠이 오질 않아서 성경을 읽으려고 등불을 켰는데 그만 바람에 등불이 꺼져버리고 말았습니다. 랍비는 '하나님이 더 유익하게 하실 거야.' 생각하며 잠을 청했습니다. 그런데 이번에는 사나운 짐승 소리에 그만 나귀와 수탉이 놀라 도망쳐 버렸습니다. 그에게 남은 것은 이제 성경뿐이었습니다. 그래도 그는 '하나님이 더 유익하게 하실 거야' 생각하고 잠자리에 들었습니다. 이튿날 아침이 밝자 그는 깜짝 놀랐습니다. 전날 밤 도적 떼가 마을을 습격해서 마을 사람들이 모두 죽임을 당한 것이었습니다. 랍비는 '만일 등불이 켜져 있었다면, 그리고 나귀와 수탉이 울부짖었다면, 내가 과연 살아남을 수 있었을까?' 생각하며 하나님께 감사기도를 드렸습니다. 우리는 하나님의 뜻을 다 이해할 수 없지만 하나님은 합력해서 선을 이루시며 모든 일들을 섭리 가운데 행하십니다. 어떤 상황에서도 우리에게 좋은 길을 예비해 주시는 하나님을 신뢰하는 것이 믿음입니다.

④ 관 찰 하 기
——————————— 빈 칸을 채워보세요

① 여호와께서 이르시되 네 □□서 내가 네게 일러준 한 산 거기서 그를 □□로 드리라

② 사자가 이르시되 그 아이에게 네 손을 대지 말라 그에게 아무 일도 하지 말라 네가 네 □□ 네 □□까지도 내게 아끼지 아니하였으니 내가 이제야 네가 □□□을 □□하는 줄을 아노라

③ 아브라함이 그 땅 이름을 □□□ □□라 하였으므로 오늘날까지 사람들이 이르기를 여호와의 산에서 □□되리라 하더라

5 **나 눠 보 기** ————————————

① 아브라함은 하나님의 이해할 수 없는 명령에도 순종하였습니다. 어떻게 아
   브라함이 이렇게 순종할 수 있었겠는지 서로 나누어 봅시다.

② '여호와 이레'의 하나님은 언제나 우리를 위해 준비하시고, 선한 길로 인도하
   십니다. 이 은혜 때문에 감격했던 경험이 있으면 서로 나누어 봅시다.

아브라함은 여전히 실수를 반복하였지만, 이런 아브라함을 하나님은 결코 포기
하지 아니하셨습니다. 그리고 처음부터 끝까지 그 모든 약속들을 하나하나 다 이
루어가셨습니다. 이것이 바로 '여호와의 열심'입니다. 결국 이 '여호와의 열심'으로
하나님은 마침내 약속의 아들 '이삭'을 아브라함에게 허락해 주셨습니다.

그런데 하나님은 아브라함에게 독자 이삭을 번제로 드리라는 명령을 하셨습
니다. 그러나 불가능한 상황 속에서도 독자 아들을 주신 하나님을 신뢰한 아브라
함은 하나님을 깊이 인정하며 삼일 길을 걸어가 모리아 땅에 있는 산에서 이삭을
번제로 바치려 하였습니다. 그때 하나님의 사자가 급히 아브라함을 막으시며 네
가 네 독자까지도 아끼지 아니하였으니 네가 이제야 하나님을 경외하는 줄을 안
다고 말씀하셨습니다. 시험을 통과한 것입니다.

아브라함은 하나님이 준비해주신 숫양으로 번제를 드리고 그 땅의 이름을 '여
호와 이레'라고 불렀습니다. 이는 '여호와께서 준비하신다'라는 뜻입니다. 이처럼
하나님은 우리를 위해 준비하시고, 날마다 선한 길로 인도하시는 여호와 이레의 하
나님이십니다. 이 하나님을 꼭 붙들고 날마다 승리의 삶을 살아가시기를 바랍니다.

6 **기 도 하 기** ———————————————————— 함께 기도합니다

7 **축 복 하 기**

사랑의 주님이

작자 미상

사랑 의주님 이날사 랑하시 네내모 습 이대 로—받으셨 네 —

사랑 의주님 이날사 랑하듯 이나도 너 를사랑 하며섬기 려 —

●● 오늘의 기도 제목과 응답 〰〰〰〰〰〰〰〰〰〰〰〰〰〰〰〰〰〰〰〰〰〰〰

●● 오늘의 감사 〰〰〰〰〰〰〰〰〰〰〰〰〰〰〰〰〰〰〰〰〰〰〰〰〰〰〰〰〰

◆ 참석자

매일가정예배 | 온 가정이 함께 하나님을 만나는 시간 |

아버지가 부르던 이름으로 불렀더라

1 찬 양 하 기   ● 내가 매일 기쁘게 (찬 191장)

1) 내가 매일 기쁘게 순례의 길 행함은 주의 팔이 나를 안보함이요
   내가 주의 큰 복을 받는 참된 비결은 주의 영이 함께 함이라
2) 전에 죄에 빠져서 평안함이 없을 때 예수 십자가의 공로 힘입어
   그 발 아래 엎드려 참된 평화 얻음은 주의 영이 함께 함이라
3) 나와 동행하시고 모든 염려 아시니 나는 숲의 새와 같이 기쁘다
   내가 기쁜 맘으로 주의 뜻을 행함은 주의 영이 함께 함이라
4) 세상 모든 욕망과 나의 모든 정욕은 십자가에 이미 못을 박았네
   어둔 밤이 지나고 무거운 짐 벗으니 주의 영이 함께 함이라
후렴) 성령이 계시네 할렐루야 함께 하시네
   좁은 길을 걸으며 밤낮 기뻐하는 것 주의 영이 함께 함이라

2 본 문 읽 기

창세기 26:12-25

중심 구절

> 25 이삭이 그곳에 제단을 쌓고, 여호와의 이름을 부르
> 며 거기 장막을 쳤더니 이삭의 종들이 거기서도 우물
> 을 팠더라

더 깊이 읽기   ✛ 본문을 빠르게 한 번, 천천히 한 번 묵상합니다.
                    ✛ 마음에 와 닿는 내용·구절·단어는 무엇인가요?

연못가에 서 있는 갈대는 조금만 바람이 불어도 이러 저리 나부꼈습니다. 조금 떨어진 곳에 서 있는 떡갈나무가 갈대를 보며 동정하였습니다. "이봐요 갈대, 자네의 가냘픈 몸집이 자네 자신에게 너무 무거운 짐이 되겠는걸. 내 건강한 머리를 좀 보게. 햇빛을 멈추게도 하고 강한 폭풍까지도 힘차게 맞설 수 있지. 삭풍이 자네에게는 폭풍이지만 나에겐 미풍만도 못하네. 자네가 내 몸 밑에 태어났던들 나의 그늘을 은신처로 삼고 고생이 없을 텐데. 내 생각으로는 자연은 불공평한 것 같네"라고 말하며 너스레를 떨었습니다. 한동안 말없이 듣고 있던 갈대는 "나를 동정해 주는 것은 좋지만 그다지 걱정은 마세요. 모든 바람은 나보다 당신에게 더 위험스럽소. 바람이 불면 나는 굽히기는 하지만 꺾이지는 않는다오"라고 말하였습니다. 이 말을 들은 떡갈나무는 갈대를 괘씸하게 생각하였습니다.

　　그때 지평선 저쪽에서 폭풍이 휘몰아쳐 왔습니다. 그러자 떡갈나무는 몸을 굽히지 않고 바람에 맞섰습니다. 바람은 점점 더 세차게 불어왔습니다. 가냘픈 갈대는 당장 쓰러질 것 같이 보였습니다. 그러나 갈대는 바람이 부는 대로 몸을 기울일 뿐 아무 괴로움도 없었습니다. 그러나 떡갈나무는 강한 바람에 힘을 다하여 맞섰습니다. 바람은 더욱더 세차게 불었습니다. 결국 떡갈나무는 머리를 하늘로 쳐들고 맞서다가 뿌리째 뽑히고 말았습니다. 매사에 교만하여 강하고 딱딱하게 맞서는 것은 자신을 망치는 길입니다. 결국에는 부드럽고 온유한 사람이 승리합니다. 하나님은 온유하고 겸손한 사람을 높여주십니다.

① 이삭이 거기서 옮겨 다른 우물을 팠더니 그들이 다투지 아니하였으므로 그 이름을 □□□이라 하여 이르되 이제는 여호와께서 우리를 위하여 □□하셨으니 이 땅에서 우리가 □□하리로다 하였더라

② 그 밤에 여호와께서 그에게 나타나 이르시되 나는 네 아버지 □□□□의 하나님이니 □□□하지 말라 내 종 아브라함을 위하여 내가 너와 □□ 있어 네게 □을 주어 네 □□이 □□하신지라

⑤ 나눠보기 ──────── 질문에 따라 묵상한 내용을 나눠주세요

① 화가 나서 참지 못했던 일이 있었다면 떠올려 보고, 화를 내는 대신에 우리가 선택할 수 있는 방법은 어떤 것이 있겠는지 서로 나눠봅시다.
② 이삭은 하나님의 약속을 굳게 신뢰했기에 온유한 삶을 살아갈 수 있었습니다. 우리 가정이 붙잡아야 할 약속의 말씀은 무엇인가요?

이삭은 하나님의 약속을 믿고 그 땅에서 농사하여, 많은 것을 얻었습니다.

종이 심히 많아졌고, 창대하고 왕성하고 거부가 되었고, 양과 소떼를 이루게 되었습니다. 이것은 하나님의 약속이 아브라함을 통하여 이삭에게 임한 것입니다. 이러한 모습을 잘 기억하며 우리의 가정도 하나님의 약속과 성취가 아름답게 이뤄지는 믿음의 가문을 이루어야 할 것입니다.

그런데 블레셋 사람들은 이삭을 시기하고 견제하여 이삭이 파는 우물들마다 메꾸어버렸습니다. 우물은 사람과 가축의 생명과 직결되어 있는 소중한 자산이었습니다. 그러므로 우물을 흙으로 막고 메웠다는 것은 아주 심각한 도전행위요, 전쟁을 선포한 것이나 다름없었습니다. 그러나 이런 상황 중에서도 이삭은 그들과 싸우지 않았고, 그곳을 떠나 다시 우물을 팠습니다. 이렇게 해서 이삭은 우물을 파기 위해 네 번씩이나 장소를 옮겼습니다. 이것은 이삭이 얼마나 온유한 사람인지를 잘 알려주고 있습니다. 이삭의 삶의 방식은 싸움이 아니라 양보와 온유의 방식으로 일관하였습니다.

이삭이 그렇게 할 수 있었던 것은 오직 하나님의 약속을 굳게 믿었기 때문입니다. "내가 너와 함께 있어 네게 복을 주어 네 자손이 번성하게 하리라." 하나님의 약속의 말씀을 믿었기 때문입니다. 우리도 하나님께서 반드시 나를 책임져 주실 줄로 믿고, 날마다 온유하고 의연한 모습으로 살아갈 수 있어야 하겠습니다.

⑥ 기도하기 ──────── 함께 기도합니다

7 축 복 하 기

사랑의 주님이

작자 미상

사랑 의주님 이 날 사 랑하시 네 내 모 습 이 대 로 - 받으셨 네 -

사랑 의주님 이 날 사 랑하듯 이 나도 너 를 사랑 하며 섬기 리 -

☞ 오늘의 기도 제목과 응답

☞ 오늘의 감사

✦ 참석자

매일가정예배 | 온 가정이 함께 하나님을 만나는 시간 |

4월
첫째 주간

내가 너를 떠나지 아니하리라

1 찬 양 하 기

● 내 주를 가까이 하게 함은 (찬 338장)

1) 내 주를 가까이 하게 함은 십자가 짐 같은 고생이나
   내 일생 소원은 늘 찬송하면서 주께 더 나가기 원합니다
2) 내 고생하는 것 옛 야곱이 돌 베개 베고 잠 같습니다
   꿈에도 소원이 늘 찬송하면서 주께 더 나가기 원합니다
3) 천성에 가는 길 험하여도 생명길 되나니 은혜로다
   천사 날 부르니 늘 찬송하면서 주께 더 나가기 원합니다
4) 야곱이 잠 깨어 일어난 후 돌단을 쌓은 것 본받아서
   숨질 때 되도록 늘 찬송하면서 주께 더 나가기 원합니다 아멘

2 본 문 읽 기

창세기 28:10-22

중심 구절

15 내가 너와 함께 있어 네가 어디로 가든지 너를 지키며 너를 이끌어 이 땅으로 돌아오게 할지라 내가 네게 허락한 것을 다 이루기까지 너를 떠나지 아니하리라 하신지라

더 깊이 읽기

✚ 본문을 빠르게 한 번, 천천히 한 번 묵상합니다.
✚ 마음에 와 닿는 내용·구절·단어는 무엇인가요?

③ 생 각 하 기 —————— 인도자가 읽어주세요

인디언 체로키족(북아메리카)에는 독특한 성인식 전통이 있습니다. 성인식을 치르는 소년의 아버지는 아들의 눈을 가리고 숲속 깊이 데려간 후, 아들을 숲속에 홀로 두고 돌아옵니다. 장성하도록 가족과 마을을 떠나본 일이 없는 소년은, 눈을 가린채로 두려움이 밀려오는 공포스런 숲속에서 혼자 밤을 지새워야 합니다. 불빛 하나 없고 가는 길과 오는 길도, 숲속에 무엇이 있는지도 모르는 공포가 소년을 집어삼킵니다. 바람소리도 짐승의 울음소리처럼 들리고, 풀잎이 바스락거리는 소리는 언제 덮칠지 모르는 짐승의 발걸음처럼 다가옵니다. 하지만 소년은 이를 악물고 그 공포를 견뎌내어야만 합니다. 그래야 부족을 지키고 가족을 보호할 수 있는 장성한 성인으로 인정받을 수 있기 때문입니다.

공포스런 시간이 지나 아침 햇살이 비치면 그제서야 소년은 눈가리개를 벗고 비로소 주변을 살필 수 있습니다. 그런데 그때 숲속 구석에서 자신을 쳐다보는 누군가의 눈빛을 비로소 알게 됩니다. 그곳에는 소년의 아버지가 밤새도록 손에 활을 들고 소년을 지키고 있었습니다. 아버지는 두려움에 떨고 있는 아들을 위해서 아들과 함께 긴 밤을 함께 지새웠던 것입니다.

④ 관 찰 하 기 —————— 빈 칸을 채워보세요

① 또 본즉 여호와께서 그 위에 서서 이르시되 나는 여호와니 너의 조부 □□□ □의 하나님이요 □□의 하나님이라 네가 누워 있는 □을 내가 너와 네 □ □에게 주리니

② 네 자손이 땅의 □□ 같이 되어 네가 서쪽과 동쪽과 북쪽과 남쪽으로 퍼져나 갈지며 땅의 □□ □□이 너와 네 □□으로 말미암아 □을 받으리라

③ 내가 너와 □□ □□ 네가 어디로 가든지 너를 □□□너를 이끌어 이 땅으로 돌아오게 할지라 내가 네게 □□한 것을 다 이루기까지 너를 □□□ 아니하리라 하신지라

5 **나 눠 보 기** ——————— 질문에 따라 묵상한 내용을 나눠주세요

① 낯선 길, 낯선 인생의 국면에서 야곱은 두려운 마음이 들었습니다. 낯선 곳에서 막막했던 기억이 있다면 나눠봅시다.

② 야곱이 벧엘에서 마주한 하나님은 우리에게도 동일하게 동행하시는 분이십니다. 동행하시는 하나님을 깨달아 위로와 용기를 가졌던 경험을 나눠봅시다.

형과 아버지를 속이고 축복과 장자권을 빼앗은 야곱은 두려웠습니다. 형은 사냥에 능숙한 사람이었기에, 자신을 향한 보복이 언제 닥쳐올지 몰라 무서웠던 야곱은 즉시 외삼촌이 살고 있는 밧단아람으로 도망쳤습니다. 야곱이 살던 브엘세바와는 880km나 떨어진 외딴 곳이었습니다. 야곱이 살던 고대사회에서는 일평생 고향에서 사는 형태가 대부분이었기에, 고향을 떠난다는 것은 대단한 모험이자 죽음을 각오해야 하는 일이었습니다.

먼 피난 길을 쉼없이 달리느라 지쳤던 야곱은 밤이 되어 고단한 몸을 쉬려고 돌을 취하여 베개 삼고 잠을 청했습니다. 그런데 바로 거기에서 하나님은 야곱을 만나주셨습니다. 도망자이자 예측 못할 낯선 인생길을 숨가쁘게 달리는 초라한 야곱이었지만, 하나님의 약속은 너무나 위대하고 단단하고 신실했습니다. 꿈에서 야곱은 하나님과 천사들을 보았고 하나님은 살아계시고 약속을 이루실 것이며 복 주시고 야곱과 함께 하는 분이심을 알게 되었습니다.

야곱은 하나님을 체험한 그 땅 '루스'를 '하나님의 집'이라는 뜻의 '벧엘'이라고 불렀습니다. 낯설고 황량한 벌판이 하나님의 은혜로 가득찬 피난처, 하나님의 집으로 달리 보였습니다. 벧엘의 경험으로 야곱은 완전히 새로운 인생을 살았고 평생 이 벧엘의 경험을 기억하며 살았습니다.

6 **기 도 하 기** ——————— 함께 기도합니다

사랑의 주님 닮기 원하네

작자 미상

사 랑 의 주 님 ― 닮 기 원 하 네
이 세 상 에 서 ― 저 천 국 까 거

그 ― 아 름 다 운 ― 주 님 예 수

닮 ― 기 원 하 네 ― 주 님 예 수

●◆ 오늘의 기도 제목과 응답

●◆ 오늘의 감사

◆ 참석자

매일가정예배 | 온 가정이 함께 하나님을 만나는 시간 |

이스라엘이라 부를 것이니라

① 찬 양 하 기

● 나 이제 주님의 새 생명 얻은 몸(찬 436장)

1) 나 이제 주님의 새 생명 얻은 몸 옛것은 지나고 새 사람이로다
그 생명 내 맘에 강같이 흐르고 그 사랑 내게서 해 같이 빛난다
2) 주 안에 감추인 새 생명 얻으니 이전에 좋던 것 이제는 값없다
하늘의 은혜와 평화를 맛보니 찬송과 기도로 주 함께 살리라
3) 산천도 초목도 새 것이 되었고 죄인도 원수도 친구로 변한다
새 생명 얻은 자 영생을 누리니 주님을 모신 맘 새 하늘이로다
4) 주 따라 가는 길 험하고 멀어도 찬송을 부르며 뒤따라 가리라
나 주를 모시고 영원히 살리라 날마다 섬기며 주 함께 살리라
후렴) 영생을 누리며 주 안에 살리라 오늘도 내일도 주 함께 살리라

② 본 문 읽 기

창세기 32:13-32

중심 구절

> 26 그가 이르되 날이 새려하니 나로 가게 하라 야곱
> 이 이르되 당신이 내게 축복하지 아니하면 가게 하지
> 아니하겠나이다

더 깊이 읽기

✚ 본문을 빠르게 한 번, 천천히 한 번 묵상합니다.
✚ 마음에 와 닿는 내용·구절·단어는 무엇인가요?

생 각 하 기 ──────────── 인도자가 읽어주세요

죠지 뮬러는 일평생 50,000번의 기도 응답을 받은 것으로 유명합니다. 그런데 그가 처음부터 기도하는 믿음의 삶을 살았던 것은 아닙니다. 죠지 뮬러의 가정은 가난했고, 10살이 되기 전에 부모님의 지갑에 상습적으로 손을 댔습니다. 청소년 시절인 19살까지 거짓말이 습관이고, 허랑방탕한 삶을 살다가 결국 형무소에 갇히기도 하였고, 무서운 질병을 두 차례나 크게 앓기도 하였습니다.

그러다가 어느 기도모임에 참여한 계기로 그의 삶이 변하기 시작했습니다. 죠지 뮬러의 눈에 하나님께서 자신의 처지와 같아 보이는 탕자를 아버지의 마음으로 기다리시며 용서하신다는 것을 깨닫게 되었고, 이후 자신의 삶을 하나님의 사랑과 비전으로 다시 보게 되었습니다. 하나님의 은혜와 돕는 손길을 따라 그는 고아들에 대한 선교를 생각하게 되었고, 고아원을 세워 2,000명이 넘는 고아들을 기도로 양육하였습니다. 또한 평생 42개국을 다니면서 복음을 전하였는데, 그가 93세로 세상을 떠날 때까지 약 3,000,000명에게 복음을 전하였습니다. 그는 삶의 비밀을 묻는 이들에게 한결같이 대답하였습니다. "나는 오직 하나님만 의지했기 때문입니다."

4

관 찰 하 기 ──────────── 빈 칸을 채워보세요

① 그가 이르되 날이 새려하니 나로 가게 하라 야곱이 이르되 당신이 내게 □□ □□ 아니하면 가게 하지 아니하겠나이다

② 그가 이르되 네 이름을 다시는 □□이라 부를 것이 아니요 □□□□이라 부를 것이니 이는 네가 하나님과 및 사람들과 □□□ □□□이니라

③ 그러므로 야곱이 그 곳 이름을 □□□이라 하였으니 그가 이르기를 내가 하나님과 □□하여 □□□□내 생명이 □□되었다 함이더라

① 야곱이 하나님과 씨름하였던 밤처럼, 하나님과 씨름하듯 믿음의 싸움을 하던 기억을 나눠봅시다.
② 하나님께서 야곱을 쳐서 변화시키셨듯, 내게도 하나님이 일하시도록 변해야 할 모습이 무엇인지 생각해봅시다.

야곱은 우여곡절 끝에, 하나님의 명령을 따라 다시 그의 고향 가나안으로 돌아가야했습니다. 그러나 마음에 걸리는 것이 있었습니다. 고향으로 돌아가면 형에게서 빼앗은 축복과 장자권 때문에 자신이 죽임 당할지 모른다는 두려움입니다. 이런 고통스런 마음으로 끙끙 앓으며, 야곱은 가족들을 먼저 보내고 얍복 나루터에 홀로 남았습니다. 그때 한 사람이 나타났는데 야곱은 그와 밤새도록 씨름하며 "당신이 내게 축복하지 아니하면 가게 하지 아니하겠나이다"라고 말하며 그에게 매달렸습니다. 이 말은 야곱이 두려움과 고통 속에서도 하나님의 축복만이 살길임을 알고는 죽자사자 매달린 것입니다. 우리에게 이런 간절함과 믿음이 있는가요? 그가 절체절명의 순간, 형 에서를 만나야 하는 두려운 상황에서도 여전히 그의 살길은 하나님의 도움뿐임을 믿으며 몸으로 기도하고 있는 것입니다.

씨름하던 사람은 야곱을 축복하고 그의 이름을 '이스라엘'로 바꾸어주었는데, 이것은 야곱이 하나님을 붙들고 하나님께 붙들리는 중심으로 사는 자임을 하나님께서 인정해 주신 것이었습니다. 우리에게도 그리스도인이라는 영광스런 이름이 있습니다. 이 이름에 부끄럽지 않도록 야곱처럼 하나님의 것을 나의 것으로 삼는 거룩한 열정으로 살아야겠습니다.

⑥ 기도하기 ──────────── 함께 기도합니다

사랑의 주님 닮기 원하네

●◆ 오늘의 기도 제목과 응답

●◆ 오늘의 감사

◆ 참석자

4월
셋째 주간

매일가정예배

| 온 가정이 함께 하나님을 만나는 시간 |

네가 꾼 꿈이 무엇이냐

1 찬 양 하 기   ● 주여 지난 밤 내 꿈에 (찬 490장)

1) 주여 지난 밤 내 꿈에 뵈었으니 그 꿈 이루어 주옵소서
   밤과 아침에 계시로 보여주사 항상 은혜를 주옵소서
2) 마음 괴롭고 아파서 낙심될 때 내게 소망을 주셨으며
   내가 영광의 주님을 바라보니 앞길 환하게 보이도다
3) 세상 풍조는 나날이 변하여도 나는 내 믿음 지키리니
   인생 살다가 죽음이 꿈 같으나 오직 내 꿈은 참되리라
후렴) 나의 놀라운 꿈 정녕 나 믿기는 장차 큰 은혜 받을 표니
   나의 놀라운 꿈 정녕 이루어져 주님 얼굴을 뵈오리라

2 본 문 읽 기

창세기 37:1-11

중심 구절

10 그가 그의 꿈을 아버지와 형들에게 말하매 아버지가 그를 꾸짖고 그에게 이르되 네가 꾼 꿈이 무엇이냐 나와 네 어머니와 네 형들이 참으로 가서 땅에 엎드려 네게 절하겠느냐 11 그의 형들은 시기하되 그의 아버지는 그 말을 간직해 두었더라

더 깊이 읽기   ✚ 본문을 빠르게 한 번, 천천히 한 번 묵상합니다.
    ✚ 마음에 와 닿는 내용·구절·단어는 무엇인가요?

③ 생 각 하 기 ─────────── 인도자가 읽어주세요

워싱턴 인권대행진(1963.3.8.)때 흑인 한 사람의 연설이 역사에 길이 남았습니다. "오늘도 내일도 곤란은 첩첩이 쌓여 있습니다. 그러나 나는 꿈을 꿉니다.I have a dream 언젠가는 미시시피주까지도 자유와 정의의 오아시스로 변하리라고. 나는 꿈을 꿉니다. 나의 삼남매가 피부의 색으로가 아니라 인격의 내용으로 판단되는 나라에 살게 될 것이라고. 나는 꿈을 꿉니다. 남쪽 알리바마주에서도 검고 또 흰 아이들의 손이 정답게 뭉쳐지리라고. 이 꿈만 버리지 않는다면 우리는 절망의 동산에서 희망의 반석을 캐내고, 이 꿈만 놓치지 않는다면 미국 내에 꽉 차 있는 불협화음을 형제 사랑의 아름다운 심포니로 변화시킬 수가 있을 것입니다."

이 연설이 마틴 루터 킹 목사님의 "I have a dream 나에게는 꿈이 있습니다."입니다. 당시에 목숨을 걸고 부르짖었던 연설은 정말 '꿈'이었지만, 지금 미국은 그 꿈이 위대한 현실이 되었습니다. 믿음으로 꿈을 꾼 목사님의 사회적 상상력이 지금까지 미국 사회를 이루는 정신이 되었고, 영광스런 역사를 이룬 것입니다. 하나님 안에서 꿈은 이루어집니다.

④ 관 찰 하 기 ─────────── 빈 칸을 채워보세요

① 요셉이 그들에게 이르되 청하건대 내가 □ □을 들으시오 우리가 밭에서 □ □ □을 묶더니 내 단은 □□□□ 당신들의 □은 □ □을 둘러서서 절하더이다

② 요셉이 다시 □□ □□와 □과 □□ □이 내게 절하더이다 하니라

③ 그의 형들은 □□하되 그의 아버지는 그 □을 간직해 두었더라

① 하나님의 비전을 따라, 나는 어떤 꿈을 꾸고 있습니까?
② 가정만을 위하는 좁은 마음을 넘어, 우리 가정을 통해 이룰 수 있는 하나님의
   꿈이 있다면 어떤 것인지 나눠보세요.

요셉은 '꿈 꾸는 사람'이었습니다. 꿈은 현실의 모든 고난과 아픔을 이길 수 있는
힘이 있습니다. 그런데 요셉의 꿈은 요셉의 능력에 따라 이룰 수 있는 인간의 꿈
이 아니라, 하나님께서 주신 꿈이었기에 그의 의지와 환경에 좌우되지 않았습니
다. 그의 삶은 하나님의 꿈이란 목표점이 분명했기에 심지어 종으로서도, 감옥
안의 죄수로서도 있는 자리에서 최선을 다하는 삶을 살아갈 수 있었습니다. 꿈이
있는 사람은 게으르거나 낙담하지 않습니다.
　하나님께선 요셉을 통해 꿈을 꾸셨습니다. 하나님께서 꿈을 꾸시는 사람은 많지
만, 그 꿈을 이뤄낼 수 있는 그릇으로 자신을 신실하게 지켜내는 사람은 많지 않습니
다. 그렇지만 요셉은 하나님의 꿈을 간직한 자의식을 굳건히 지켜냈습니다. 성실과
신실함, 정결과 정직함으로 그가 있는 곳은 항상 하나님의 복이 넘쳤습니다.
　마침내 그가 어렸을 때 꾸었던 꿈이 눈앞에서 실현되었습니다. 애굽의 총리
가 되었을 때, 형들이 양식을 구하기 위해 요셉 앞에 와서 엎드려 절한 것입니다.
요셉은 자신의 고난을 기억하며 자신의 위치를 사용해 복수할 수도 있었지만, 하
나님께서 그를 통해 이루신 꿈은 요셉을 통해 하나님의 백성, 공동체를 살리는
꿈이었습니다. 요셉은 하나님의 꿈을 바르게 아는 사람이었기에, 기근 속에 민족
을 구하며 하나님의 꿈을 아름답게 성취하였습니다.

6   기도하기 ──────────── 함께 기도합니다

사랑의 주님 닮기 원하네

작자 미상

사 랑 의 주 님 - 닮 기 원 하 네
이 세 상 에 서 - 저 천 국 까 거

그 - 아 름 다 운 - 주 님 예 수

닮 - 기 원 하 네 - 주 님 예 수

●◆ 오늘의 기도 제목과 응답

●◆ 오늘의 감사

✦ 참석자

매일가정예배
| 온 가정이 함께 하나님을 만나는 시간 |

범사에 형통하게 하심을 보았더라

① 찬 양 하 기 ● 나의 갈길 다 가도록 (찬 384장)

1) 나의 갈길 다가도록 예수 인도하시니 내 주 안에 있는 긍휼
   어찌 의심하리요 믿음으로 사는 자는 하늘 위로 받겠네
   무슨 일을 만나든지 만사 형통하리라 무슨 일을 만나든지 만사 형통하리라
2) 나의 갈길 다가도록 예수 인도하시니 어려운 일 당한 때도
   족한 은혜 주시네 나는 심히 고단하고 영혼 매우 갈하나
   나의 앞에 반석에서 샘물나게 하시네 나의 앞에 반석에서 샘물나게 하시네
3) 나의 갈길 다가도록 예수 인도하시니 그의 사랑 어찌 큰지
   말로 할 수 없도다 성령 감화 받은 영혼 하늘 나라 갈 때에
   영영 부를 나의 찬송 예수 인도하셨네 영영 부를 나의 찬송 예수 인도하셨네
   아멘

② 본 문 읽 기

창세기 39:1-6

중심 구절

> 3 그의 주인이 여호와께서 그와 함께 하심을 보며 또
> 여호와께서 그의 범사에 형통하게 하심을 보았더라

더 깊이 읽기 ✛ 본문을 빠르게 한 번, 천천히 한 번 묵상합니다.
✛ 마음에 와 닿는 내용·구절·단어는 무엇인가요?

종교개혁의 포문을 연 마틴 루터Martin Luther는, 종교개혁의 말기에 그만 완전히 지쳐서 탈진하였습니다. 더 이상 살 소망도, 거룩한 비전을 이루어낼 추진력도 남아있지 않은 루터가 방에 갇혀 누워만 있을 때, 그의 아내가 상복을 입고 들어왔습니다. 아내를 보고 깜짝 놀란 루터는 "아니 누가 죽었소?"라고 물었습니다. 그러자 아내는 "예. 하나님께서 돌아가셨습니다"라고 말하였습니다. 루터가 황당해하며 "아니 하나님께서 돌아가시다니 무슨 소리요?"라고 답하자 아내는 정색을 하고 말하였습니다. "모든 걸 포기하고 있는 당신을 보니 하나님이 돌아가신 게 틀림없어요."

이 한 마디가 주저앉아 있던 루터를 깨웠습니다. "그렇지! 하나님은 여전히 살아계셔서 지금도 나와 함께 하시지." 루터는 하나님이 나와 함께 하시며 모든 고난 속에서 하나님의 진실된 말씀을 이루실 거란 확신을 가지고 위대한 종교개혁을 끝까지 완수할 수 있었습니다.

그 은혜를 가지고 그가 지은 곡이 '내 주는 강한 성이요(585장)'라는 찬송입니다. "내 주는 강한 성이요 방패와 병기 되시니 큰 환난에서 우리를 구하여 내시리로다"

① 여호와께서 요셉과 □□ 하시므로 그가 □□한 자가 되어 그의 주인 애굽 사람의 집에 있으니

② 그의 주인이 □□□께서 그와 함께 하심을 보며 또 여호와께서 그의 □□에 □□하게 하심을 보았더라

③ 그가 요셉에게 자기의 집과 그의 모든 소유물을 주관하게 한 때부터 □□□께서 요셉을 위하여 그 애굽 사람의 집에 □을 내리시므로 □□□□ □이 그의 집과 밭에 있는 모든 소유에 미친지라

① 최근에 '하나님께서 나와 함께 계시구나'를 깨달았던 일을 나눠봅시다.
② 하나님께서 함께 하심으로 요셉이 형통하였다는 것은 어떤 의미인지 생각해
　　보고, 이것을 우리의 믿음의 삶에 어떻게 적용할지 나누어 봅시다.

소년 요셉은 꿈을 꾸기 시작하였습니다. 이 꿈은 요셉이 원하여 꾼 것도 아니고, 그가 이룰 수 있는 것도 아니었습니다. 그러나 하나님으로부터 시작된 꿈은 요셉이 어떤 처지와 환경에 있든지 그를 이끌어가는 원동력이 되었습니다. 요셉도 처음부터 하나님의 꿈을 품을 만한 자격이 있었던 것은 아닙니다. 힘겹게 노동하는 형들이 비해 좋은 옷과 여유있는 시간을 누리며 형들의 미움을 샀습니다. 결국 형들의 극렬한 미움과 매정한 이기심으로 요셉은 애굽으로 팔려가게 되었고, 거기서 왕의 친위대장 보디발의 집에 거하게 되었습니다. 고난 속에 요셉은 자신의 이전 처지를 기억하며 원망과 비관으로 지내기보다, 성실과 진실로 있는 자리에서 최선을 다하였습니다. 점차 꿈에 걸맞는 그릇이 되어가는 요셉에게는 "하나님이 함께 하심으로 형통하였다"는 평가가 이어졌습니다.

　보디발의 아내의 성적인 유혹을 단호히 거부함으로 모함을 받아 왕의 죄수를 가두는 감옥에 갇혔지만, 그의 처지와 다르게 그의 삶을 읽는 성경의 평가는 놀랍습니다. 창세기 39장에는 무려 네 번이나 "하나님께서 함께 하심으로 그가 형통하게 되었더라"고 평가합니다. 하나님께서 함께 하심을 믿는 '신뢰감'은 사람에게 어떤 상황에도 놀라운 평안을 가져다 줍니다. 이 절대 평안으로 인하여 우리에게 놀라운 '용기'가 생겨납니다.

6　　**기 도 하 기** ——————————— 함께 기도합니다

7 축복하기

사랑의 주님 닮기 원하네

작자 미상

사 랑의 주 님 — 닮기 원 하 네
이 세 상 에 서 — 저 천 국 까 지

그 — 아 름 다 운 — 주 님 예 수

닮 — 기 원 하 네 — 주 님 예 수

●◆ 오늘의 기도 제목과 응답

●◆ 오늘의 감사

◆ 참석자

매일가정예배 | 온 가정이 함께 하나님을 만나는 시간 |

나를 이리로 보낸 이는 하나님이시라

1 **찬 양 하 기** ● 주 안에 있는 나에게 (찬 370장)

1) 주 안에 있는 나에게 딴 근심 있으랴 십자가 밑에 나아가 내 짐을 풀었네
2) 그 두려움이 변하여 내 기도되었고 전날의 한숨 변하여 내 노래되었네
3) 내 주는 자비하서서 늘 함께 계시고 내 궁핍함을 아시고 늘 채워 주시네
4) 내 주와 맺은 언약은 영불변하시니 그 나라 가기까지는 늘 보호하시네
후렴) 주님을 찬송하면서 할렐루야 할렐루야
　　 내 앞길 멀고 험해도 나 주님만 따라가리

2 **본 문 읽 기**

창세기 45:1-8

중심 구절

> 8 그런즉 나를 이리로 보낸 이는 당신들이 아니요 하나님이시라 하나님이 나를 바로에게 아버지로 삼으시고 그 온 집의 주로 삼으시며 애굽 온 땅의 통치자로 삼으셨나이다

더 깊이 읽기

✚ 본문을 빠르게 한 번, 천천히 한 번 묵상합니다.
✚ 마음에 와 닿는 내용·구절·단어는 무엇인가요?

20세기 초 스트라스부르 대학(프랑스)에서 '인생의 방향성에 대한 고찰'이라는 철학 강의를 하던 교수가 있었습니다. 하루는 조교가 책상 위에 가져다 놓은 『콩고선교의 필요성-파리선교사협회』라는 책자를 보게 되었습니다. 첫 장을 펼친 이후로 그는 책에 빠져들어 단숨에 책을 읽었습니다. 그리고 그 자리에서 선교사가 되기로 결단하였습니다. 그날 밤 그의 일기는 이렇게 기록되었습니다. "이제 나의 강의는 끝났다. 내 인생의 방향성은 정해졌다."

  이 사람이 바로 '아프리카의 성자' 알버트 슈바이처 박사입니다. 그는 철학, 신학, 의학, 음악 분야에서 모두 박사학위를 갖고 있었고 오르간 연주자로도 명성이 높을만큼 다방면의 천재였습니다. 그러나 그는 자신의 인생 후반전을 열악한 환경 속에서 죽어가는 생명을 살리기 위해 기꺼이 하나님께 바쳤습니다. 그의 아름다운 삶은 1952년 노벨 평화상 수상으로 이어졌습니다.

  때마침 조교가 가져다 놓은 선교 책자가 슈바이처 박사의 마음을 촉발하였듯이, 하나님께서는 지금도 우리의 일상 가운데 비전을 주시고 말씀하고 계십니다. 우연처럼 보이는 모든 일 속에 주님의 섭리가 있음을 기억하며, 하나님의 아름다운 비전에 동참하도록 믿음의 삶을 결단합시다.

① 당신들이 나를 이곳에 팔았다고 해서 □□하지 마소서 □□하지 마소서 하나님이 □□을 구원하시려고 나를 당신들보다 □□ 보내셨나이다

② 하나님이 큰 □□으로 당신들의 □□을 보존하고 당신들의 □□을 세상에 두시려고 나를 당신들보다 □□ 보내셨나니

③ 그런즉 나를 이리로 보낸 이는 당신들이 아니요 □□□이시라 □□□이 나를 바로에게 □□□로 삼으시고 그 온 집의 □로 삼으시며 애굽 온 땅의 □□□로 삼으셨나이다

5 **나눠보기** ——————— 질문에 따라 묵상한 내용을 나눠주세요

① 최근에 나의 계획대로 순조롭게 잘 진행되지 않아서 힘든 일이 있었다면 함께 나눠봅시다.
② 꿈의 사람 요셉처럼, 되돌아보니 하나님의 섭리였음을 깨닫게 된 경험이 있다면 나누어 봅시다.

요셉은 하나님과 동행하며 범사에 형통한 삶을 살았습니다. 그는 모함으로 감옥에 갇힌 처지였지만 그의 하루는 여전히 성실과 최선으로 채워졌습니다. 상황이 요셉을 좌우하지 못했던 것입니다. 하루는 왕의 술 맡은 관원장과 떡 맡은 관원장의 꿈을 해석해주었는데 놀랍게도 요셉의 해몽대로 술 맡은 관원장은 전직을 회복하였고 떡 맡은 관원장은 처형되었습니다.

시간이 지나 왕이 꿈을 꾸고 의미를 몰라 괴로워할 때, 술 맡은 관원장이 요셉의 해몽을 떠올리며 왕에게 추천하였습니다. 요셉은 왕의 꿈을 통해 앞으로 7년 간의 큰 풍년과 7년의 큰 흉년이 있을 것임을 읽었고, 지혜 있는 사람을 세워 잘 대비하라고 일러 주었습니다. 그런데 바로는 이 모든 일을 처리할 지혜자가 바로 요셉이라 확신하고 애굽을 지휘할 총리대신으로 임명했습니다.

그 뒤로 가나안 땅에도 흉년이 들어 요셉의 형들이 애굽으로 곡식을 사러 오게 되었고, 마침내 형제들이 마주하게 되었습니다. 요셉이 자신을 밝히자 형들은 깜짝 놀랐습니다. 요셉이 말합니다. "당신들이 나를 이곳에 팔았다고 해서 근심하지 마소서 한탄하지 마소서 하나님이 생명을 구원하시려고 나를 당신들보다 먼저 보내셨나이다"(5절). 이 말은 모든 것이 다 하나님의 섭리 가운데 있다고 하는 참 귀한 신앙고백입니다. 상황과 처지를 전부로 여기며 우쭐하거나 주눅들기보다, 하나님의 섭리를 고백하며 겸손의 옷을 덧입는 믿음되시길 바랍니다.

6 **기도하기** ——————————————— 함께 기도합니다

사랑의 주님 닮기 원하네

●◆ 오늘의 기도 제목과 응답

●◆ 오늘의 감사

◆ 참석자

매일가정예배
| 온 가정이 함께 하나님을 만나는 시간 |

5월
둘째 주간

네 발에서 신을 벗으라

1 찬 양 하 기
● 부름 받아 나선 이 몸 (찬 323장)

1) 부름 받아 나선 이 몸 어디든지 가오리다
   괴로우나 즐거우나 주만 따라 가오리니
   어느 누가 막으리까 죽음인들 막으리까 (x2)
2) 아골 골짝 빈 들에도 복음 들고 가오리다
   소돔 같은 거리에도 사랑 안고 찾아가서
   종의 몸에 지닌 것도 아낌없이 드리리다 (x2)
3) 존귀 영광 모든 권세 주님 홀로 받으소서
   멸시 천대 십자가는 제가 지고 가오리다
   이름 없이 빛도 없이 감사하며 섬기리다 (x2) 아멘

2 본 문 읽 기

출애굽기 3:1-12

중심 구절

> 5 하나님이 이르시되 이리로 가까이 오지 말라 네가
> 선 곳은 거룩한 땅이니 네 발에서 신을 벗으라

더 깊이 읽기
✚ 본문을 빠르게 한 번, 천천히 한 번 묵상합니다.
✚ 마음에 와 닿는 내용·구절·단어는 무엇인가요?

중국 선교사 허드슨 테일러(1832~1905)에게 한 청년이 질문하였습니다. "저도 훌륭한 그리스도인이 되고 싶습니다. 그러기 위해서 성경을 얼마나 많이 읽고 교회는 또 얼마나 오래 다녀야 합니까?" 그러자 허드슨 테일러가 되묻습니다. "형제님, 촛불은 언제부터 빛을 발합니까?" 청년은 "그거야 초에 불을 붙이는 순간부터 빛을 내지요"라고 하였습니다. 허드슨 테일러가 미소를 지으며 말했습니다. "신앙도 그와 같습니다. 하나님이 나를 부르시는 그 순간부터 우리의 삶은 빛을 발합니다. 성경 지식이 부족하고 신앙 연륜이 짧은 것은 그리 큰 문제가 되지 않습니다. 하나님이 당신을 부르셨을 때 하나님께 응답하였다면 당신은 이미 훌륭한 그리스도인이 된 것입니다."

하나님이 우리를 부르시고, 우리가 응답하는 그 순간 이미 우리는 새로운 피조물이 되었습니다. 나의 생각을 하나님 앞에 내려놓는다고 해서 절대로 손해 보지 않습니다. 하나님은 크고 놀라운 섭리와 계획으로 우리를 사용하시고 우리를 통하여 하나님의 구원 역사를 이루어가십니다.

④ 관 찰 하 기 ———————— 빈 칸을 채워보세요

① 여호와의 사자가 □□□□ 가운데로부터 나오는 □□ 안에서 그에게 나타나시니라 그가 보니 떨기나무에 □이 붙었으나 그 떨기나무가 사라지지 아니하는지라

② 하나님이 이르시되 이리로 가까이 오지 말라 네가 선 곳은 □□□ □이니 네 □에서 □을 벗으라

③ 이제 내가 너를 바로에게 보내어 너에게 □ □□ 이스라엘 자손을 □□에서 인도하여 내게 하리라

5 **나 눠 보 기** ───────────── 질문에 따라 묵상한 내용을 나눠주세요

① 이스라엘 민족이 처한 고통의 상황과 부르짖음을 하나님은 다 알고 계셨습니다. 하나님께서 내 처지를 아신다고 느꼈던 경험을 나눠봅시다.
② 모세는 하나님의 부르심을 받고 자신을 부인하여 하나님 앞에 드리고자 발에서 신을 벗었습니다. 하나님의 부르심 앞에 내가 벗어야 할 신은 무엇일까요?

이스라엘 민족은 요셉의 도움으로 기근에서 건짐받았고, 하나님의 신실한 약속대로 생육하고 번성하였습니다. 그러나 요셉을 알지 못하는 애굽의 새 왕들은 오랜시간에 걸쳐 이스라엘 백성을 노예로 삼았습니다. 이스라엘 민족이 강성해지는 것이 두려웠던 왕은 그들 중 아들이 태어나면 다 죽이게 하였는데, 모세는 하나님을 경외하는 여인들 덕에 갈대상자에 숨겨져 목숨을 건졌습니다. 그런데 이 갈대상자를 바로의 딸이 발견하고 아기를 불쌍히 여겨 애굽 왕궁에서 길렀습니다. 그렇게 장성한 모세는 자기 동족이 고난 받는 것을 보고 순간적인 혈기로 괴롭히던 애굽사람을 죽이고 이 일로 피신하게 되었습니다.

모세는 광야에서 이전의 호화롭던 생활과 정반대되는 40년의 세월을 지낸 후에 마침내 하나님의 부르심을 받았습니다. 하나님은 모세에게 "이리로 가까이 오지 말라 네가 선 곳은 거룩한 땅이니 네 발에서 신을 벗으라"라고 말씀하셨습니다. 신을 벗는 행위는 이제 죄악된 모습을 떨쳐버리고, 거룩하신 하나님 앞에 자신을 부인하고 종으로 자신을 드리는 소명자를 의미합니다.

하나님은 내 백성의 고통을 분명히 보고, 부르짖음을 듣고, 그 근심을 알고, 내가 내려가서, 그들을 애굽인의 손에서 건져내고, 그들을 그 땅에서 인도하여, 젖과 꿀이 흐르는 땅으로 데려가려 한다고 말씀하셨습니다. 이 7개의 동사는 하나님이 하시고자 하는 일이 무엇인지를 잘 알려주고 있습니다. 우리도 모세처럼 그 일을 위하여 부르심을 받은 존재입니다.

6 **기 도 하 기** ───────────── 함께 기도합니다

사랑의 주님 닮기 원하네

작자 미상

사 랑 의   주   님   － 닮 기 원   하   네
이 세 상   에 서   － 저 천 국   까   지

그 － 아 름 다   운   － 주 님 예   수

닮 － 기 원   하   네   － 주 님 예   수

•❖ 오늘의 기도 제목과 응답 ～～～～～～～～～～～～～～～～～～～～～

•❖ 오늘의 감사 ～～～～～～～～～～～～～～～～～～～～～～～～～～～

◆ 참석자

매일가정예배 | 온 가정이 함께 하나님을 만나는 시간 |

여호와 앞에 대대로 지킬 것이니라

1 **찬 양 하 기**　　　　　　　　● 구주의 십자가 보혈로 (찬 250장)

　　1) 구주의 십자가 보혈로 죄 씻음 받기를 원하네
　　　　내 죄를 씻으신 주 이름 찬송합시다
　　2) 죄악을 속하여 주신 주 내 속에 들어와 계시네
　　　　십자가 앞에서 주 이름 찬송합시다
　　3) 주 앞에 흐르는 생명수 날 씻어 정하게 하시네
　　　　내 기쁨 정성을 다하여 찬송합시다
　　4) 내 주께 회개한 영혼은 생명수 가운데 젖었네
　　　　흠 없고 순전한 주 이름 찬송합시다
　　후렴) 찬송합시다 찬송합시다 내 죄를 씻으신 주 이름 찬송합시다

2 **본 문 읽 기**

출애굽기 12:29-42

중심 구절

> 42 이 밤은 그들을 애굽 땅에서 인도하여 내심으로 말미암아 여호와 앞에 지킬 것이니 이는 여호와의 밤이라 이스라엘 자손이 다 대대로 지킬 것이니라

더 깊이 읽기　　✚ 본문을 빠르게 한 번, 천천히 한 번 묵상합니다.
　　　　　　　　✚ 마음에 와 닿는 내용·구절·단어는 무엇인가요?

가수 하덕규 씨(시인과 촌장)는 '가시나무'라는 곡으로 많은 인기를 누렸습니다. 그런데 그 곡에는 이런 사정이 있었습니다. 그는 과거 가수 시절에 큰 인기를 얻고 공허함을 느껴 그만 술, 마약 등에 빠져 방황하는 시기를 보냈습니다. 어느 날 누나 손에 강제로 이끌려 참석한 예배에서 그가 예수님을 만났습니다. 그는 기도 중에 "죄악으로 얼룩져 가시나무와 같이 되어버린 나를 보았고, 내 가시에 찔려 피를 흘리면서도 끝까지 나를 품어주시는 예수님을 만났습니다"라고 그날을 회고하였습니다. 주님을 만나던 순간에 가시나무 덩굴 가운데 피투성이로 자신을 끌어안고 계신 예수님을 고백하며, 불과 10분 만에 '가시나무'를 썼습니다.

젊은 시절에 가시나무와 다를바 없는 인생을, 자기 자신도 내쳐버렸던 날카롭고 황폐한 인생을 품어주신 주님으로 인해 그의 인생은 새롭게 일어섰습니다. 예수님께선 그의 죄를 보혈로 덮으사 구원의 역사를 시작하셨습니다.

① 밤중에 여호와께서 애굽 땅에서 모든 ☐☐ ☐ 것 곧 왕위에 앉은 바로의 ☐☐로부터 옥에 갇힌 사람의 ☐☐까지와 가축의 ☐☐ ☐ 것을 다 치시매

② 밤에 바로가 ☐☐와 ☐☐을 불러서 이르되 너희와 ☐☐☐☐ 자손은 일어나 내 백성 가운데에서 떠나 너희의 말대로 가서 ☐☐☐☐ ☐☐☐

③ 이 밤은 그들을 ☐☐ 땅에서 인도하여 내심으로 말미암아 여호와 앞에 지킬 것이니 이는 ☐☐☐의 ☐이라 이스라엘 자손이 다 ☐☐☐ 지킬 것이니라

① 예수님을 처음 만났던 때를 돌이켜보고, 그때 경험한 구원의 기쁨과 감격을 나눠봅시다.
② 유월절은 어린양의 피로 죄를 덮어 심판을 넘기는 절기입니다. 어린양 예수의 보혈을 따라 용서와 인내로 덮어줄 일을 고백해봅시다.

모세는 노예된 이스라엘의 지도자로, 출애굽과 새역사의 출발을 담당할 지도자로 하나님의 부르심을 받았습니다. 모세는 바로에게 "내 백성을 보내라"는 하나님의 말씀을 전하였지만, 강퍅하고 완악한 바로는 하나님의 말씀을 듣는둥 마는둥하며 해방을 미루었습니다. 그러나 하나님께선 이 미뤄진 시기를 하나님께서 온 세상의 주되심을 보이시는 권능의 계기로 삼으시고, 애굽 땅에 10가지의 재앙을 내리셨습니다. 바로는 애굽 땅에 있는 처음 난 것이 모두 죽는 마지막 재앙을 당하고서야 마침내 이스라엘 백성들을 해방시켰습니다.

　그런데 이 무서운 10번째 재앙은 누군가에겐 최악의 두려움이었지만, 이스라엘 백성에게는 구원의 예표가 되었습니다. 하나님께선 하나님의 주되심을 고백하는 사람들에게 어린양을 잡아 그 피를 문설주와 인방에 바르게 하셨고, 죽음의 사자는 피가 발린 집을 넘어가며 재앙을 피해가게 하셨습니다. 이것이 바로 유월절逾越節, passover입니다.

　이 구원과 해방의 사건은 십자가에 달리사 자신의 피로 우리를 감추신 예수 그리스도의 사건을 보여줍니다. 이 구원의 길은 모두에게 주어졌으나 주 되심을 고백하며 감사로 받아들이는 자에게만 주어지는 은혜입니다.

⑥　기도하기 ──────────────── 함께 기도합니다

사랑의 주님 닮기 원하네

작자 미상

사 랑 의 주 님 － 닮 기 원 하 네
이 세 상 에 서 － 저 천 국 까 지

그 ― 아 름 다 운 － 주 님 예 수

닮 ― 기 원 하 네 － 주 님 예 수

●◆ 오늘의 기도 제목과 응답

●◆ 오늘의 감사

◆ 참석자

매일가정예배

| 온 가정이 함께 하나님을 만나는 시간 |

5월 넷째 주간

너희를 위하여 행하시는 구원을 보라

---

1 찬 양 하 기

● 주의 곁에 있을 때 (찬 401장)

1) 주의 곁에 있을 때 맘이 든든하오니
　　주여 내가 살 동안 인도하여 주소서
2) 피난처인 예수여 세상 물결 험할 때
　　크신 은혜 베푸사 나를 숨겨주소서
3) 세상 풍파 지난 후 영화로운 나라와
　　눈물 없는 곳으로 들어가게 하소서
후렴) 주여 주여 나를 인도하소서
　　빠른 세상 살 동안 주여 인도하소서 아멘

---

2 본 문 읽 기

출애굽기 14:10-20

중심 구절

13 모세가 백성에게 이르되 너희는 두려워하지 말고 가만히 서서 여호와께서 오늘 너희를 위하여 행하시는 구원을 보라 너희가 오늘 본 애굽 사람을 영원히 다시 보지 아니하리라

더 깊이 읽기

✛ 본문을 빠르게 한 번, 천천히 한 번 묵상합니다.
✛ 마음에 와 닿는 내용··구절·단어는 무엇인가요?

영국 일간지 '더 선'에 소개된 기사입니다. 레바논의 시민 '하산 알마스 진지'와 '노하 하자르 부부'가 차를 몰다가 마주오던 차량과 크게 충돌하여 사망했습니다. 그런데 이 사건이 많은 사람들에게 화제가 된 것은, 이 교통사고 중에 부모와 함께 차에 타고 있던 2살 아기가 엄마의 품에 꼭 안겨서 살아남은 것입니다. 구조대는 엄마가 자신의 온몸으로 충격을 흡수했기에 아기가 다치지 않았다고 인터뷰했습니다. 레바논의 교통안전기구인 YASA는 "어머니의 위대한 사랑으로 목숨을 건진 아기가 사람들의 눈물을 쏟게 한다"면서 "아기를 위해 많은 사람의 도움이 필요하다"고 호소하였습니다.

　세상에서 가장 안전한 품은 역시 엄마의 품입니다. 그리고 엄마의 품과 비교할 수 없이 가장 완전하고 안전한 품은 하나님의 품입니다. 하나님께서는 우리를 그의 날개 아래 품으시고 환난과 시험으로부터 지켜주십니다. 하나님을 의지하며 그 품에 피하는 사람만이, 하나님의 품의 안전함을 경험할 수 있습니다.

① 모세가 백성에게 이르되 너희는 □□□하지 말고 가만히 서서 □□□께서 오늘 너희를 위하여 행하시는 □□을 보라 너희가 오늘 본 □□ □□을 영원히 다시 보지 아니하리라

② □□□를 들고 손을 □□ 위로 내밀어 그것이 갈라지게 하라 이스라엘 자손이 바다 가운데서 □□ □으로 행하리라

③ □□ □과 □□□□ □ 사이에 이르러 서니 저쪽에는 □□과 □□이 있고 이쪽에는 □□ □□□□ 밤새도록 저쪽이 이쪽에 가까이 못하였더라

① 답이 없는 상황 속에서 하나님의 도우심을 바라고 기도했던 경험이 있다면 이야기해봅시다.
② 하나님께서 우리를 위해 대신 싸워주시는 것을 '거룩한 전쟁'이라 합니다. 거룩한 전쟁에서 가장 중요한 것이 무엇인지 서로 나눠봅시다.

이스라엘이 출애굽 한지 얼마 되지 않아 홍해 바다를 맞닥뜨리게 되었습니다. 앞으로 나아갈 길은 없고, 돌아온 길은 뒤늦게 이스라엘을 추격하는 애굽 군대로 막혀있기에 진퇴양난이었습니다. 도저히 답이 없는 상황에서 이스라엘 백성들은 두려움을 못이겨 하나님께 나아가기보다 습관대로 불평을 쏟기 시작하였습니다.

그럼에도 하나님께서는 이스라엘 백성들을 불쌍히 여기사 구름기둥을 보내어 이스라엘과 애굽 군대 사이를 막으시고, 애굽의 군대가 넘어오지 못하게 하셨습니다. 이어서 하나님은 밤새도록 강한 바람을 일으켜 홍해바다가 갈라져 백성들이 마른 땅, 육지를 건너듯 바다를 건너갈 수 있게 하셨습니다. 심지어 하나님께선 완벽한 타이밍으로 애굽 군이 뒤따라 바다에 들어왔을 때 다시 홍해가 회복되게 하셨습니다.

이것을 '하나님의 거룩한 전쟁'이라고 부를 수 있습니다. 하나님께선 하나님의 영광을 위해 '거룩한 전쟁'을 싸우십니다. '거룩한 전쟁'은 하나님의 백성들에게 큰 교훈을 줍니다. 먼저는 하나님께서 신뢰하는 자들을 보호하시니 "두려워하지 말라"는 것입니다. 그리고 모든 순간의 결정과 주도권을 주님께 드리며 "가만히 있으라"는 것입니다. 또한 "구원을 보라" 하시는 하나님의 말씀을, 눈으로 보기 전에 마음으로 먼저 믿어 승리하라는 것입니다. 하나님께서는 하나님의 주되심을 고백하는 자들과 함께, 하나님이 '거룩한 전쟁'에 참여하여 싸우십니다. 하나님이 대신 싸워주시면 우리는 승리할 수밖에 없습니다.

⑥ 　기 도 하 기 ─────────── 함께 기도합니다

7 축복하기

●◆ 오늘의 기도 제목과 응답

●◆ 오늘의 감사

◆ 참석자

매일가정예배 | 온 가정이 함께 하나님을 만나는 시간 |

이것이 무엇이냐?

❶ 찬 양 하 기

● 아 하나님의 은혜로 (찬 310장)

1) 아 하나님의 은혜로 이 쓸데 없는 자
    왜 구속하여 주는지 난 알 수 없도다
2) 왜 내게 굳센 믿음과 또 복음주셔서
    내 맘이 항상 편한지 난 알 수 없도다
3) 왜 내게 성령주셔서 내 마음 감동해
    주 예수 믿게 하는지 난 알 수 없도다
4) 주 언제 강림하실지 혹 밤에 혹 낮에
    또 주님 만날 그곳도 난 알 수 없도다
후렴) 내가 믿고 또 의지함은 내 모든 형편 아시는 주님
    늘 보호해 주실 것을 나는 확실히 아네

❷ 본 문 읽 기

출애굽기 16:13-20

중심 구절

> 15 이스라엘 자손이 보고 그것이 무엇인지 알지 못하여 서로 이르되 이것이 무엇이냐 하니 모세가 그들에게 이르되 이는 여호와께서 너희에게 주어 먹게 하신 양식이라

더 깊이 읽기

✚ 본문을 빠르게 한 번, 천천히 한 번 묵상합니다.
✚ 마음에 와 닿는 내용·구절·단어는 무엇인가요?

한문 '밭 전'田자는 네모 안이 4등분 되어, 꼭 숫자 8이 두 개 붙어있는 모양입니다. '쌀 한 톨이 나오기까지 농부가 88번 논에 나간다'는 의미로 이해해도 무방할 것입니다. 하지만, 농부의 부지런한 수고와 노력이 반드시 풍년으로 연결되지 않습니다. 농사에 변수는 매우 다양합니다.

사실 씨앗이 자라 열매를 맺는 것은 신비롭고 기적적인 일입니다. 씨앗은 땅 속과 공기 중의 온도와 습도, 토질의 상태가 잘 맞아 떨어져야 싹을 틔웁니다. 싹이 튼 후에도 기적의 연속입니다. 지속적인 광합성과 호흡의 과정을 통해 필요한 산소와 당류를 만들어 내는 일을 계속합니다.

이처럼 식물은 동물처럼 움직일 수도 없고, 의지와 계획을 가지고 있지 않아도 잘 자라고 성장합니다. 하나님의 은혜와 자연의 섭리로 자라고 열매 맺습니다.

'오늘 있다가 내일 아궁이에 던져지는 들풀도 하나님이 이렇게 입히시거든 하물며 너희일까 보냐 믿음이 작은 자들아(눅 12:28)' 하나님은 오늘도 놀라운 은혜와 섭리로 우리를 돌보시고 날마다 필요한 은혜를 베풀어 주고 계십니다. 그리고 우리에게 말씀하십니다. "하물며 너희일까 보냐 나의 자녀들아"

4　관 찰 하 기　————————— 빈 칸을 채워보세요

① 저녁에는 □□□□가 와서 진에 덮이고 아침에는 □□이 진 주위에 있더니 그 이슬이 마른 후에 □□ 지면에 □□ □□□ 서리같이 가는 것이 있는지라

② 이스라엘 자손이 보고 그것이 무엇인지 알지 못하여 서로 이르되 □□□ □ □□□ 하니 모세가 그들에게 이르되 이는 □□□께서 너희에게 주어 먹게 하신 □□이라

③ 이스라엘 자손이 그같이 하였더니 그 거둔 것이 □□도 하고 □□도 하나 오멜로 되어 본즉 많이 거둔 자도 □□이 없고 적게 거둔 자도 □□□이 없이 각 사람은 □□ □□□ 거두었더라

① 우리가 생명의 삶을 살아가는 데 있어서 매일의 양식은 어떤 의미가 있는 것인지 양식이 갖고 있는 그 의미에 대해 나누어 봅시다.

② 만나를 처음 본 이스라엘 백성들은 이것이 무엇이냐며 탄성을 질렀습니다. 나의 삶 속에서 '왠 은혜인지요' 감격했던 순간을 나누어 봅시다.

출애굽 한 이스라엘 백성들이 가장 먼저 들어간 광야는 '수르' 광야입니다. 이 수르 광야에서의 한 장소인 마라에서 하나님은 쓴 물을 단 물로 바꿔주시며, '나는 너희를 치료하는 여호와'로 자신을 계시해주셨습니다. 이윽고 그들은 두 번째 광야인, '신' 광야에 도착합니다. 그곳에서 그들은 배고픔을 참지 못하고 애굽을 그리워하며 원망과 불평을 늘어놓습니다.

하지만 하나님은 원망하고 불평하는 그들을 심판하지 아니하시고 오히려 놀라운 은혜를 베풀어주셨습니다. 출애굽하여 지금까지는, 놀라운 기적이 은혜였지만, 지금은 은혜가 곧 기적이었습니다. 하나님은 아무것도 없는 광야에서 하늘에서 양식을 비 같이 내려주시며 광야의 식탁을 베풀어주셨습니다.

이스라엘 백성들은 하나님께서 내려주신 이 이해할 수 없는 신기한 양식에 놀라며 "이것이 무엇이냐"라고 외쳤습니다. 그리고 그 말이 양식의 이름, 곧 '만나'가 되었습니다.

우리는 지금 내 삶 속에 주어진 하나님의 은혜에 대하여 "이것이 무엇이냐"고 탄성을 발하고 감사할 줄 알아야 합니다. 하나님의 사전에 '우연'이란 단어는 없습니다. 모든 것이 다 하나님의 은혜입니다.

6 **기 도 하 기** ——————————— 함께 기도합니다

사랑의 주님 닮기 원하네

작자 미상

사 랑 의 주 님 — 닮 기 원 하 네
이 세 상 에 서 — 저 천 국 까 거

그 — 아 름 다 운 — 주 님 예 수

닮 — 기 원 하 네 — 주 님 예 수

•◆ 오늘의 기도 제목과 응답

•◆ 오늘의 감사

◆ 참석자

매일가정예배 | 온 가정이 함께 하나님을 만나는 시간 |

손을 들면 이스라엘이 이기니라

1 찬 양 하 기   ● 천성을 향해 가는 성도들아 (찬 359장)

1) 천성을 향해 가는 성도들아 앞 길에 장애를 두려워 말라
   성령이 너를 인도하시리니 왜 지체를 하고 있느냐
2) 너 가는 길을 누가 비웃거든 확실한 증거를 보여주어라
   성령이 친히 감화하여 주사 그들도 참 길을 찾으리
3) 너 가는 길을 모두 가기 전에 네 손에 든 검을 꽂지 말아라
   저 마귀 흉계 모두 깨뜨리고 끝까지 잘 싸워 이겨라
후렴) 앞으로 앞으로 천성을 향해 나가세 천성 문만 바라고 나가세
   모든 천사 너희를 영접하러 문 앞에 기다려 서 있네

2 본 문 읽 기

출애굽기 17:8-16

중심 구절

> 11 모세가 손을 들면 이스라엘이 이기고 손을 내리면
> 아말렉이 이기더니

더 깊이 읽기   ✚ 본문을 빠르게 한 번, 천천히 한 번 묵상합니다.
   ✚ 마음에 와 닿는 내용·구절·단어는 무엇인가요?

2002년 월드컵의 전설, 이영표 선수에겐 기도제목이 하나 있었습니다. 골 세레모니로 그라운드에서 무릎 꿇고 기도하며 하나님께 영광 돌리는 것이었습니다. 그러나 사실상 이영표 선수의 포지션상 골을 넣기가 어렵고, 설상가상으로 개막 사흘 전, 연습하다 근육이 찢어져 6주 진단의 부상을 당했습니다. 언론은 곧바로 이영표 선수의 월드컵 출전이 불투명하며, 대체자가 누구일지에 대한 기사를 쏟아내었습니다.

　　그런 중에 이영표 선수는 욥기를 읽던 중 회개와 평안을 경험했습니다. 놀랍게도 부상이 기적처럼 회복되기 시작하였습니다. 마침내 세 번째 경기인 포루투갈 전에 첫 출전하게 되었고, 이날 그 유명한 결승골을 넣은 박지성 선수의 골을 어시스트 한 사람이 바로 이영표 선수였습니다. 대한민국의 승리로 16강 진출이 결정되자 이영표 선수를 중심으로 믿는 선수들이 그라운드 위에서 무릎을 꿇고 감사 기도드렸습니다. 바로 그 장면이 전세계로 생중계되었습니다. 훗날 이영표 선수는 이 순간을 회고하며 이렇게 고백했습니다. "수비수인데, 골 넣지 않고 어떻게 이런 장면이 송출될 수 있었을까요? 이건 하나님이 하신 것이죠."

　　하나님은, 성도의 간절한 기도를 반드시 들으시고, 인간의 눈에 불가능해 보이는 상황을 역전시켜 주시는 분이십니다.

① □□가 □□□□에게 이르되 우리를 위하여 사람들을 택하여 나가서 □□□과 싸우라 내일 내가 하나님의 □□□를 손에 잡고 산 □□□에 서리라

② 모세가 □을 □□ 이스라엘이 이기고 □을 □□□ 아말렉이 이기더니

③ 모세가 □□을 쌓고 그 이름을 □□□ □□라 하고 이르되 여호와께서 □□하시기를 여호와가 □□□과 더불어 □□□ 싸우리라 하셨다 하였더라

⑤ 나 눠 보 기 ———————— 질문에 따라 묵상한 내용을 나눠주세요

① 살면서 인생의 위기와 고난의 순간이 있었다면, 서로 나누어 봅시다.
② 이스라엘이 전쟁에서 승리한 비결은 '손을 드는 것'이었습니다. 내가 손을 들
   어야 할 때가 언제인지 함께 나누어 봅시다.

'르비딤'에 도착한 이스라엘 백성들은 지금까지와는 전혀 다른 절체절명의 위기
를 경험하게 되었습니다. '아말렉'이라고 하는 무시무시한 대적과 전쟁을 해야했
기 때문이었습니다. 한번도 다른 민족과의 전쟁을 한 적도 없고, 군사훈련도 전
무한 이스라엘 백성에겐 크나 큰 위기와 시련이 아닐수 없었습니다.

하지만 모세는 이 전쟁에서 이기는 법을 알고 있었습니다. 모세는 하나님의 지
팡이를 손에 잡고 산 꼭대기에 섰습니다. 모세가 전장을 향해 손을 높이 들면 이스
라엘이 이겼고, 손을 내리면 아말렉이 이겼습니다. 곁에서 보좌하던 아론과 훌도
이 사실을 빨리 눈치채고는 돌을 가져다가 모세를 앉게 하고, 양쪽에서 모세의 손
을 높이 붙들어 올려서 해가 지도록 모세의 손이 내려오지 않도록 하였습니다. 그
결과 이스라엘 백성은 아말렉을 물리쳤고 완전한 승리를 쟁취하였습니다.

손을 든다는 것은 첫째로, 하늘의 하나님께 기도하는 것입니다. 모세가 손을
들고 기도하였을 때 아말렉과의 전쟁에서 이길 수 있었습니다. 둘째로, 오직 하나
님만 의지한다는 것입니다. 우리가 하나님을 의지하면 전지전능하신 하나님이 반
드시 도와주십니다. 셋째로, 하나님께 영광을 돌리는 것입니다. 하나님께 영광 돌
리고 감사하는 자에게 하나님은 승리를 약속하십니다. 우리도 날마다 기도의 손,
의지의 손, 영광의 손을 들고 영적 전쟁에서 승리하길 축원합니다.

⑥ 기 도 하 기 ———————— 함께 기도합니다

사랑의 주님 닮기 원하네

작자 미상

●◆ 오늘의 기도 제목과 응답

●◆ 오늘의 감사

◆ 참석자

매일가정예배 | 온 가정이 함께 하나님을 만나는 시간 |

제사장 나라가 되리라

① 찬 양 하 기

● 나의 영원하신 기업 (찬 435장)

1) 나의 영원하신 기업 생명보다 귀하다
   나의 갈 길 다가도록 나와 동행하소서
2) 세상 부귀 안일함과 모든 명예 버리고
   험한 길을 가는 동안 나와 동행하소서
3) 어둔 골짝 지나가며 험한 바다 건너서
   천국문에 이르도록 나와 동행하소서
후렴) 주께로 가까이 주께로 가오니
   나의 갈 길 다가도록 나와 동행하소서 아멘

② 본 문 읽 기

출애굽기 19:1-6

중심 구절

> 6 너희가 내게 대하여 제사장 나라가 되며 거룩한 백성이 되리라 너는 이 말을 이스라엘 자손에게 전할지니라

더 깊이 읽기

✚ 본문을 빠르게 한 번, 천천히 한 번 묵상합니다.

✚ 마음에 와 닿는 내용·구절·단어는 무엇인가요?

6·25전쟁은 개인의 비극을 넘어서는 전 세계적 전쟁이었습니다. 수많은 생명을 앗아갔습니다. 6.25 전쟁은 대한민국의 모든 것을 파괴했습니다. 살아남은 사람들도 생계를 이어가기 힘든 경우가 많았습니다. 그중에서도 가장 절망적인 이들은 순식간에 부모 형제를 잃은 전쟁고아들이었습니다. 집계된 통계만으로도 6.25 전쟁 고아의 숫자는 약 10만 명에 달했습니다.

당시 종군기자로 한국을 찾아온 미국 선교사 밥 피어스 목사는 6.25의 참담한 현실을 보고, 전쟁고아들을 도와주고자 '선명회宣明會'라는 이름의 자선단체를 만들었습니다. 선명회는 고아들과 한국 사회를 위해 긴급구호와 개발사업, 교육과 선교사역을 지속적으로 감당하였고, 대한민국의 위상의 변화와 발맞추어 전 세계로 사역의 지평을 넓혀갔습니다. 이 선명회가 오늘날 전 세계 100여 개 나라의 가난과 질병으로부터 어린이들을 돕고 후원하는 '월드 비전World Vision'의 전신前身입니다.

하나님의 은혜를 받은 밥 피어스 목사 한 사람을 통해 대한민국의 수많은 전쟁 고아들이 새로운 삶을 선물 받았습니다. 밥 피어스 목사와 '월드비전'를 통해 받은 하나님의 은혜를 경험한 대한민국은 이제 도움을 받던 나라에서 도움을 주는 나라로, 그리고 월드비전의 최대 후원국으로 성장하였습니다.

이렇게 하나님의 은혜는 하나님의 사람들(하나님 나라의 백성)을 통해 세상에 흘러가 생명을 살리고, 세상 속에서 하나님의 나라를 일구어 갑니다.

4 관 찰 하 기 ——————————— 빈 칸을 채워보세요

① 내가 □□ 사람에게 어떻게 행하였음과 내가 어떻게 □□□ □□로 너희를 업어 내게로 □□하였음을 너희가 보았느니라

② □□가 다 내게 속하였나니 너희가 내 □을 잘 듣고 내 □□을 지키면 너희는 모든 민족 중에서 내 □□가 되겠고

③ 너희가 내게 대하여 □□□ 나라가 되며 □□□ 백성이 되리라 너는 이 말을 □□□□ 자손에게 전할지니라

① 하나님은 우리에게 은혜를 베풀어주시는 분이십니다. 우리가 받은 은혜 중 가장 기억에 남는 은혜가 무엇인지 서로 나누어봅시다.

② 제사장 나라의 개념이 무엇인지 깊이 생각해 보고, 이 사명을 감당하기 위해 어떤 노력을 기울여야 할지 서로 나누어봅시다.

이스라엘 백성들은 출애굽한 지 두 달 만에 시내산에 도착하였습니다. 하나님은 그곳에서 이스라엘 백성들과 계약언약, Covenant을 체결하셨습니다. 이것은 하나님 께서 이스라엘 백성들과 특별한 관계가 맺어졌음을 의미합니다. 또한 이제 하나 님은 이스라엘의 하나님이 되시고, 이스라엘 민족은 하나님의 백성이 되었으니, 하나님의 백성답게 살아야 한다는 의미로 율법을 주셨습니다.

하나님은 언약을 통하여 이스라엘 백성들을 ① 하나님의 소유로 삼고, ② 제사장 나라가 되게 해 주시며, ③ 거룩한 백성이 되게 할 것이라고 말씀하셨고 이스라엘의 모든 지파는 그 언약을 성실히 준행하겠다고 하나님 앞에서 약속하였습니다.

시내산 계약에 있어서 가장 중요한 것은 이스라엘 백성이 이제 하나님과의 새로운 관계 속으로 들어가게 되었다는 사실입니다. 하나님은 이스라엘 백성의 하나님이 되고, 이스라엘은 하나님의 백성이 되었다는 사실 그 자체가 가장 중 요한 것입니다. 하나님께서 시내산 언약(계약)을 통해 이스라엘의 하나님이 되시 고, 이스라엘은 하나님의 제사장 나라(출19:5-6)가 되었듯이, 우리는 예수 그리스 도의 대속으로 하나님의 자녀요, 하나님의 나라의 백성이 되었습니다. 이것이 오 늘 하나님의 백성된 우리가 이 땅에 존재하는 이유이고, 사명입니다.

6   **기도하기** ─────────────── 함께 기도합니다

7 축 복 하 기

●❖ 오늘의 기도 제목과 응답

●❖ 오늘의 감사

◆ 참석자

:116:

매일가정예배 | 온 가정이 함께 하나님을 만나는 시간 |

여호와의 영광이 성막에 충만하였더라

1　**찬 양 하 기**　　　　　　　　● 눈을 들어 산을 보니 (찬 383장)

1) 눈을 들어 산을 보니 도움 어디서 오나
　　천지 지은 주 하나님 나를 도와주시네
　　나의 발이 실족 않게 주가 깨어 지키며
　　택한 백성 항상 지켜 길이 보호 하시네
2) 도우시는 하나님이 네게 그늘 되시니
　　낮의 해와 밤의 달이 너를 상치 않겠네
　　네게 화를 주지 않고 혼을 보호 하시며
　　너의 출입 지금부터 영영 인도 하시리 아멘

2　**본 문 읽 기**

출애굽기 40:34-38

중심 구절

> 38 낮에는 여호와의 구름이 성막 위에 있고 밤에는 불이 그 구름 가운데에 있음을 이스라엘의 온 족속이 그 모든 행진하는 길에서 그들의 눈으로 보았더라

더 깊이 읽기　　✚ 본문을 빠르게 한 번, 천천히 한 번 묵상합니다.
　　　　　　　　✚ 마음에 와 닿는 내용·구절·단어는 무엇인가요?

아프리카를 횡단한 최초의 유럽 탐험가로 이름 난 데이비드 리빙스턴David Livingstone
은 탐험가이기 이전에 아프리카 원주민들에게 복음을 전한 선교사였습니다.

그는 말년에 옥스퍼드 대학에서 명예박사 학위 수여식에서 자신의 경험담을
소개하였습니다. 빅토리아 폭포를 발견하였던 이야기, 포르투갈 사람들에 의하
여 원주민들이 노예로 팔리는 모습을 발견하고 그들을 해방시켰던 이야기, 양 무
리를 덮치던 사자를 쫓아내려다 왼팔을 물려 목숨을 잃을 뻔한 이야기, 말라리아
와 폐렴으로 태어난 지 6주 만에 먼저 보야 했던 딸 엘리자베스의 이야기 등. 리
빙스턴의 이야기는, 모든 사람들에게 큰 감동을 주었습니다.

리빙스턴이 연설을 마치자, 한 학생이 손을 들고 질문하였습니다. "선생님,
선생님으로 하여금 아프리카 생활을 견뎌내도록 한 비결은 무엇이었습니까?" 리
빙스턴은 잠시 생각에 잠기더니 이내 입을 열었습니다. "제 비결은 아무것도 없
습니다. 다만 '내가 세상 끝날까지 너희와 항상 함께 있으리라' 예수님의 약속의
말씀과 십자가를 붙들었을 뿐입니다."

리빙스턴은 언제나 하나님의 임재를 구하였고, 자신과 동행하는 하나님을 믿
고 동행했으며, 철저히 말씀을 따라 순종하며 살았습니다. 하나님께서는 이처럼
당신을 믿고 의지하며, 말씀을 따라 순종하는 자들의 삶을 축복하시며, 존귀하게
하십니다.

① 모세가 □□에 들어갈 수 없었으니 이는 □□이 회막 위에 덮이고 □□□
□ □□이 성막에 충만함이었으며

② □□이 성막 위에서 □□□ 때에는 이스라엘 자손이 그 모든 □□하는 길
에 앞으로 나아갔고

③ 낮에는 □□□□ □□이 성막 위에 있고 밤에는 □이 그 구름 가운데에 있음
을 이스라엘의 온 족속이 그 모든 □□□□ □에서 그들의 눈으로 보았더라

① 삶 속에서 하나님께서 나와 함께하시고, 나를 지키시며, 선한 길로 인도하신 다고 느꼈던 순간들을 함께 나눠봅시다.
② 하나님은 성막에서 이스라엘 백성들과 교제하셨습니다. 우리도 하나님과 교 제하는 삶을 살기 위해 어떻게 해야 할지 나눠봅시다.

하나님은 시내산에서 이스라엘 백성들과 언약을 체결하시며 율법을 주셨고, 이 어서 하나님께서 거하실 처소로서 성막을 지으라고 명령하십니다, 이는 흡사 결 혼을 하는 과정과 많이 닮았습니다.

성막은 울타리를 세우고 세마포 휘장으로 둘렀는데 이것은 바깥세상과 구별 됨을 의미합니다. 문은 동쪽 하나뿐인데, 하나님 앞에 나아가는 길과 방법이 오 직 예수 그리스도 뿐임을 알려줍니다. 뜰에는 죄를 사하는 번제단과, 정결케 하 는 물두멍이 있고, 성소에 들어가면 진리의 빛을 밝히는 등잔대와 생명의 떡인 진설병을 놓는 진설병상, 그리고 성도의 기도를 상징하는 분향단(계5:8)이 있습 니다. 더 깊은 곳에 위치한 지극히 거룩한 장소인 지성소에는 이스라엘 모든 백성 의 죄를 사하여 주시는 하나님 은혜의 상징인 두 돌판이 들어있는 언약궤와 그 언 약궤의 뚜껑인 금으로 덮인 속죄소가 있습니다. 이 속죄소에 어린양의 피를 뿌림으 로 이스라엘 모든 백성의 죄를 사하여 주시는 하나님의 은혜가 있습니다.

이스라엘 백성들은 성막 위에 구름이 떠오르면 행진하였고, 구름을 멈추어 서면 머물렀습니다. 이스라엘 백성들에게 하나님의 임재의 상징인 성막이 중심 이었듯이 우리 마음과 중심에도 날마다 하나님을 모시며 동행하길 주님의 이름 으로 축복합니다.

6　　기 도 하 기 ─────────── 함께 기도합니다

사랑의 주님 닮기 원하네

작자 미상

사 랑 의 주 님 ─ 닮 기 원 하 네
이 세 상 에 서 ─ 저 천 국 까 지

그 ─ 아 름 다 운 ─ 주 님 예 수

닮 ─ 기 원 하 네 ─ 주 님 예 수

●◆ 오늘의 기도 제목과 응답

●◆ 오늘의 감사

◆ 참석자

매일가정예배 | 온 가정이 함께 하나님을 만나는 시간 |

속죄한즉 사함을 받으리라

① 찬 양 하 기　　　　　　　　　● 주의 말씀 받은 그날 (찬 285장)

1) 주의 말씀 받은 그날 참 기쁘고 복 되도다
　　이 기쁜 맘 못 이겨서 온 세상에 전하노라
2) 이 좋은 날 내 천한 몸 새 사람이 되었으니
　　이 몸과 맘 다 바쳐서 영광의 주 늘 섬기리
3) 새 사람 된 그날부터 평안한 맘 늘 있어서
　　이 복된 말 전하는 일 나의 본분 삼았도다
후렴) 기쁜 날 기쁜 날 주 나의 죄 다 씻은 날
　　늘 깨어서 기도하고 늘 기쁘게 살아가리
　　기쁜 날 기쁜 날 주 나의 죄 다 씻은 날 아멘

② 본 문 읽 기

레위기 4:1-12

중심 구절

> 4 그 수송아지를 회막 문 여호와 앞으로 끌어다가 그 수송아지의 머리에 안수하고 그것을 여호와 앞에서 잡을 것이요

더 깊이 읽기　　✚ 본문을 빠르게 한 번, 천천히 한 번 묵상합니다.
　　　　　　　　✚ 마음에 와 닿는 내용·구절·단어는 무엇인가요?

3 생 각 하 기 —————————— 인도자가 읽어주세요

19세기 무디와 함께 세기의 부흥을 이끌었던 캠벨 몰겐C. G. Morgan 목사님이 스트레스를 해소하는 즐거움이 하나 있었습니다. 그것은 매일 저녁 사랑하는 외동딸 제니의 손을 잡고 런던 하이드 파크를 산책하는 것이었습니다.

어느 날 제니가 아빠인 몰겐 목사님에게 대뜸, "오늘부터 며칠 동안은 아버지와 함께 산책을 갈 수 없어요."라고 이야기하였습니다. "그러자!"라고 말은 했지만, 몰겐 목사님은 내심 서운하고 속상했습니다. 혼자 하이드 파크를 산책하는 것이 쓸쓸한 것 때문이 아니었습니다. 그것보다 딸 제니가 자신과 함께 산책에 나서지 않는 이유를 대답해주지 않았기 때문이었습니다.

크리스마스 날 아침 몰겐 목사님은 제니가 그동안 함께 산책에 나서지 않은 이유를 비로소 알게 되었습니다. 제니는 아빠를 위해 성탄 선물로 아빠가 신을 슬리퍼를 준비했던 거였습니다. 그래서 제니에겐 슬리퍼를 만들기 위한 시간이 필요했던 것이었습니다. 크리스마스 날 아침에 제니의 성탄 선물을 받은 몰겐 목사님은 감격했습니다. 그리고는 미소를 머금고 사랑하는 딸 제니에게 이렇게 말해주었습니다. "사랑하는 내 딸 제니야, 참 고맙다. 이걸 만드느라 얼마나 수고가 많았니? 그런데 제니야~ 솔직히 말하자면, 아빠는 네가 만들어준 이 슬리퍼보다도 너와 같이 손잡고 산책하는 것이 더 좋단다."

우리 하나님께서도 우리와 함께 걷기를 바라십니다. 하나님과 함께 동행하는 삶, 그것이 바로 우리가 아빠 하나님께 드릴 수 있는 최고의 선물입니다.

4 관 찰 하 기 —————————— 빈 칸을 채워보세요

① 그 수송아지를 회막 문 □□□ □으로 끌어다가 그 수송아지의 □□에 □□하고 그것을 여호와 앞에서 잡을 것이요

② 그 제사장이 손가락에 그 □를 찍어 여호와 앞 곧 □□의 □□ 앞에 □□번 뿌릴 것이며

③ 제사장은 또 그 피를 여호와 앞 곧 □□ 안 □□ □ 들에 바르고 그 송아지의 □ 전부를 회막 문 앞 □□□ 밑에 쏟을 것이며

① 하나님의 뜻과 상관없이, 내 뜻대로 세상을 쫓아 살다가 낙심했던 경험이 있다면 서로 나누어 봅시다.
② 구약의 5제사 7절기는 하나님과의 거룩한 교제를 위함입니다. 우리 에게 하나님과의 친밀한 교제가 왜 중요한지 서로 나누어 봅시다.

레위기의 가장 중요하고 핵심이 되는 내용은 5(다섯) 제사 7(일곱) 절기입니다.

5제사는 ① 하나님께 대한 전적 충성과 헌신을 다짐하는 '번제', ② 하나님께 대한 순수한 희생과 봉사를 다짐하는 '소제', ③ 하나님과 화목과 친밀한 관계의 회복을 위해 드리는 '화목제', ④ 하나님께서 명령하신 율법을 범하였을 때 그 죄를 속죄하며 드리는 '속죄제', ⑤ 부지불식간에 범한 잘못들에 대해 배상하며 드리는 '속건제'입니다.

7절기는 ① 애굽의 종살이에서 구출되었음을 기념하는 '유월절', ② 애굽에서의 고난을 떠올리며 구원의 은총을 기억하는 '무교절', ③ 첫 이삭 단을 드리며 감사하는 '초실절', ④ 첫 소산을 바치며 하나님께 추수 감사하는 '칠칠절', ⑤ 새해 첫 날 나팔을 불어 신년이 왔음을 선포하는 '나팔절', ⑥ 대제사장이 일 년에 한 번 이스라엘 백성들의 모든 죄를 가지고 지성소에 들어가 하나님께 속죄 받는 '대속죄일', ⑦ 출애굽 이후에 광야에서의 장막생활을 기념하기 위한 '초막절' 입니다.

하나님께서는 이스라엘과 함께(교제)하시기 위해 5제사 7절기를 마련해 주셨습니다. '5제사'는 이스라엘이 모든 죄에 대하여 사함 받고 하나님과 교제하기 위함이요, '7절기'는 이스라엘이 하나님께서 베푸신 모든 은총의 순간들을 기억하게 하기 위한 방법과 제도였습니다.

제사와 절기의 그 궁극적인 목적은 하나님과 이스라엘의 친밀한 교제를 위한 것입니다. 하나님은 동일하게 우리와도 함께 교제를 나누시길 원하십니다. 예수 그리스도 안에 거하며, 성령으로 충만하며, 하나님과 날마다 함께(교제)하는 거룩한 하나님의 자녀, 백성되길 축복합니다.

6 **기도하기** ──────────── 함께 기도합니다

7 축복하기

●◆ 오늘의 기도 제목과 응답 〜〜〜〜〜〜〜〜〜〜〜〜〜〜〜〜〜〜〜〜〜〜〜〜〜〜〜

●◆ 오늘의 감사 〜〜〜〜〜〜〜〜〜〜〜〜〜〜〜〜〜〜〜〜〜〜〜〜〜〜〜〜〜〜〜〜〜〜〜〜

◆ 참석자

매일가정예배 | 온 가정이 함께 하나님을 만나는 시간 |

너희는 거룩하라

1 **찬 양 하 기** ● 이 죄인을 완전케 하시옵고 (찬 426장)

> 1) 이 죄인을 완전케 하시옵고 내 맘속에 영원히 거하소서
>   죄 가운데 빠졌던 몸과 맘을 흰 눈보다 더 희게 하옵소서
> 2) 저 보좌에 앉으신 주 예수여 이 몸 주께 드리니 받으소서
>   내 마음과 지식도 드리오니 흰 눈보다 더 희게 하옵소서
> 3) 그 상하신 발 아래 엎드려서 날 깨끗게 하시기 원합니다
>   날 정결케 하는 피 믿사오니 흰 눈보다 더 희게 하옵소서
> 후렴) 눈보다 더욱 희어지게 곧 씻어서 정결케 하옵소서 아멘

2 **본 문 읽 기**

레위기 19:1-4

중심 구절

> 2 너는 이스라엘 자손의 온 회중에게 말하여 이르라
> 너희는 거룩하라 이는 나 여호와 너희 하나님이 거룩
> 함이니라

더 깊이 읽기 ✚ 본문을 빠르게 한 번, 천천히 한 번 묵상합니다.
✚ 마음에 와 닿는 내용·구절·단어는 무엇인가요?

'엥겔 지수'라는 것이 있습니다. 이는 전체 생계비 지출 총액에서 음식비 지출이 차지하는 비율을 말하는데, 이 통계를 통해 한 가정이나 사회 또는 국가의 생활 수준을 알 수 있습니다. 가난한 국가일수록 소득이 적으니 전체 생활비 중에 기본적으로 지출할 수밖에 없는 식대의 비율이 높습니다. 반대로 소득이 높아서 전체적으로 지출하는 비용이 많으면 식대가 상대적으로 적은 비율을 차지하니, 그만큼 선진국이라고 알 수 있습니다.

　그리스도인의 삶에도 영적 엥겔 지수가 있습니다. 하루에 자기 육체의 필요만을 위하여 쓰는 시간과 에너지가 많을수록 덜 경건한 사람이 됩니다. 반면에, 말씀을 묵상하며 하나님과 교제하고 동행하는 데에 시간과 에너지를 많이 쏟는 사람은 더 경건한 사람이 되어갑니다. 하나님의 거룩한 백성으로서 진정한 행복을 누리기를 원한다면 하나님과 교제하고 그분과 동행하는 시간을 늘려가야 합니다. 그래야 세상의 헛된 것에 마음을 두려는 집착에서 자유로워지고, 시간과 에너지를 허비하지 않게 되기 때문입니다.

　우리가 하루를 보내며 사용하는 시간 중에, 하나님과 교제하는 데 쓰는 시간은 얼마나 되는지 비중을 계산해 봅시다. 하나님과 가까이하는 시간이 늘어날수록 평안과 삶의 자유가 배가될 것입니다.

4　관 찰 하 기　───────── 빈 칸을 채워보세요

① 너는 이스라엘 자손의 온 □□에게 말하여 이르라 너희는 □□하라 이는 나 여호와 너희 하나님이 □□□이니라

② 너희 각 사람은 □□를 □□하고 나의 □□□을 지키라 나는 너희의 하나님 □□□이니라

③ 너희는 □□ □□에게로 향하지 말며 너희를 위하여 □□□을 부어 만들지 말라 나는 너희의 하나님 여호와이니라

① 요즘 하나님과 나 사이의 거리를 계산해본다면, 1부터 10중 어느 숫자로 표현할 수 있을지 나눠봅시다.

② 거룩은 하나님의 자녀로 살아가는 '구별됨'입니다. 하나님께서 내게 요청하시는 '거룩(구별됨)'의 영역을 생각해봅시다.

하나님께서는 출애굽한 이스라엘 백성들과 시내산에서 마주하시고, 그들과 하나님의 백성으로 살아가는 계약을 체결하셨습니다. 이러한 계약 내용이 자세히 기록된 레위기는, 하나님의 법칙을 설명하기에 '거룩의 책'이라고 불립니다. 레위기에는 특별히 '다섯 가지 제사'가 소개되는데, 이 제사예배를 통해 하나님과 우리 사이를 가로막은 죄를 넘어 하나님과 거룩한 관계를 유지할 수 있습니다. 또한 레위기에 소개되는 '일곱 가지 절기'는 하나님의 은혜를 때마다 기억하며 거룩한 삶을 살아가게 합니다.

'거룩하다'는 '나누다', '구별하다'라는 뜻을 가진 히브리어 '카도쉬'입니다. 거룩은 구별됨입니다. 부정한 것, 더러움에 물들만한 것, 자연스레 익숙해지는 악한 습관들로부터 일체의 구별됨을 지키는 것이 거룩입니다.

그런데 하나님께서는 거룩의 길을 '부모 경외', '안식일 준수', '우상 금지'로 명령하셨습니다. '부모 경외'는 인간관계 속에서 세워지는 하나님 백성의 질서이고, '안식일 준수'는 하나님과의 관계 속에 거룩할 수 있게 되는 질서이며 '우상 금지'는 헛된 세상의 가치에 매이지 않도록 하나님 안에서 자유를 누리는 거룩한 삶의 지침입니다.

하나님께서 거듭 거룩을 강조하는 것은 세상에 속박되는 노예 본성이 자연스러운 우리를 물리치고, 하나님의 자유 안에 거하며 세상의 휘둘림 속에 평안할 수 있는 방편이기 때문입니다. 거룩함으로 생명과 자유의 삶을 살아갑시다.

6   **기 도 하 기** ———————————— 함께 기도합니다

아름다운 마음들이 모여서

작자 미상

1. 아름다운마음들이 모여서 – 주의 온혜 나누며 –
2. 이다음에예수님을 만나면 – 우리 뭐라 말할까 –

예수님을따라사랑 해야–지 – 우리 서로 사 랑해 –
그때에는부끄러움 없어야지 – 우리 서로 사 랑해 –

하나님이가르쳐준 한가지 – 내이웃을내몸과같 이

미움다툼시기질투 버리고 – 우리 서로 사 랑해

●◆ 오늘의 기도 제목과 응답

●◆ 오늘의 감사

◆ 참석자

매일가정예배

| 온 가정이 함께 하나님을 만나는 시간 |

7월 둘째 주간

여호와의 명령을 따라 행진하니라

1 찬 양 하 기 ● 눈을 들어 산을 보니 (찬 383장)

1) 눈을 들어 산을 보니 도움 어디서 오나
   천지 지은 주 하나님 나를 도와주시네
   나의 발이 실족 않게 주가 깨어 지키며
   택한 백성 항상 지켜 길이 보호하시네
2) 도우시는 하나님이 네게 그늘 되시니
   낮의 해와 밤의 달이 너를 상치 않겠네
   네게 화를 주지 않고 혼을 보호하시며
   너의 출입 지금부터 영영 인도하시리 아멘

2 본 문 읽 기

민수기 9:15-23

중심 구절

> 17 구름이 성막에서 떠오르는 때에는 이스라엘 자손이 곧 행진하였고 구름이 머무는 곳에 이스라엘 자손이 진을 쳤으니

더 깊이 읽기 ✚ 본문을 빠르게 한 번, 천천히 한 번 묵상합니다.
✚ 마음에 와 닿는 내용·구절·단어는 무엇인가요?

선교사 스탠리 존스 E. Stanley Jones가 인도 오지에서 사역할 때 있었던 일입니다. 울창한 밀림 지역에서 그가 길을 잃고 말았습니다. 순간적으로 밀려드는 두려움과 낙심으로 숲속을 헤매다 마침 한 원주민을 만났습니다. 존스 선교사는 "길을 잃었습니다. 나에게 길 좀 가르쳐주세요"라고 부탁하였습니다. 원주민은 "나를 따라 오시오" 하고는 울창한 수풀을 헤치며 앞으로 나아갔습니다. 존스 선교사도 원주민을 놓칠세라 땀을 뻘뻘 흘리며 따라갔습니다.

그런데, 수풀을 헤치고 가다보면 길이 곧 나올 것 같았는데, 가도 가도 길이 보이지 않았습니다. "길이 어디 있습니까?" 답답한 마음에 물어본 존스 선교사에게 원주민은 "길은 없습니다. 내가 가는 곳이 곧 길입니다."라고 대답하였습니다. 오랜 시간 끝에 선교사는 원주민을 따라 마을로 돌아올 수 있게 되었고, 길이 없는 곳에서 길을 만드시고 보호하신 하나님의 은혜에 감사하며 기도를 드렸습니다.

우리의 삶도 스탠리 존스의 경험과도 비슷합니다. 길이 없는 밀림 만큼이나 우리의 삶은 복잡하고 예측할 수 없습니다. 그러나 하나님은 그 곳에서 길이 되어주십니다. 사람들이 밟아 나간 길이 아니라, 하나님께서 밟으시고 앞서 내신 길을 따라 나서는 믿음의 성도 되시기를 바랍니다.

④ 관 찰 하 기 ──────────── 빈 칸을 채워보세요

① 성막을 세운 날에 □□이 성막 곧 증거의 성막을 덮었고 □□이 되면 성막 위에 □ 모양 같은 것이 나타나서 □□까지 이르렀으되

② □□이 성막에서 떠오르는 때에는 이스라엘 자손이 곧 □□하였고 □□이 머무는 곳에 이스라엘 자손이 □을 쳤으니

③ 곧 그들이 여호와의 □□을 따라 □을 치며 여호와의 □□을 따라 □□하고 또 모세를 통하여 이르신 여호와의 □□을 따라 여호와의 직임을 지켰더라

① 막막하던 순간에 하나님의 손길이 느껴졌던 경험을 나눠봅시다.
② 하나님은 성막에 떠오르는 구름으로 이스라엘을 인도하셨습니다. 이 모습은
　오늘 우리에게 무엇을 결단케 하는지 나누어 봅시다.

민수기의 히브리 원문 성경의 제목은 '베미드바르ﬦﬦﬦ'입니다. 이 말은 '광야에서'
라는 뜻을 갖고 있습니다. 말그대로 광야에서 방황하던 이스라엘의 역사를 기록
한 책이 민수기입니다.

　이스라엘은 광야 행진을 본격적으로 출발하기에 앞서 인구조사를 하고, 하나
님께서는 그들이 행진할 순서와 편성, 성막을 이동시킬 봉사자들과 하나님과 함
께 하는 삶을 위해 지켜야 할 정결 법칙들을 말씀해주십니다. 하나님의 백성으로
써 본격적으로 하나님과 동행할 준비를 마치고 실전을 앞둔 것입니다.

　모든 준비를 마치고 성막을 봉헌할 때 하나님께서 보내신 구름이 성막을 덮
었습니다. 또 저녁에는 성막 위에 불 모양 같은 것이 나타나서 아침까지 있었습
니다. 하나님은 낮에는 이스라엘을 구름기둥으로 밤에는 불기둥으로 보호해 주
신 것입니다.

　하나님은 우리의 눈에 보이지 않고 만져지지 않고 들려지지 않으시지만, 이
처럼 하나님의 동행을 알 수 있는 표지를 보이십니다. 하나님의 동행은 구름이
성막에 떠오르면 행진하였고, 구름이 머무는 곳에는 진을 쳐 머무르며, 나의 속
도가 아닌 하나님의 인도의 속도를 신뢰하는 훈련이었습니다. 오늘날 우리의 인
생길도 광야 속에서 하나님의 속도를 신뢰하는 믿음의 여정임을 알 수 있길 바랍
니다. 하나님과 더불어 걷는 걸음은 보호와 인도 속에 우리를 평안과 안식으로
단련되게 합니다.

6　　기 도 하 기 ─────── 함께 기도합니다

아름다운 마음들이 모여서

작자 미상

1. 아름다운 마음들이 모 여서 – 주의 은혜 나 누며 –
2. 이다음에 예수님을 만 나면 – 우리 뭐라 말할까 –

예수 님을 따라사랑 해야 – 지 – 우리 서로 사 랑해 –
그때에는 부끄러움 없어야지 – 우리 서로 사 랑해 –

하나님이 가르쳐준 한 가지 – 내이웃을 내몸과같 이

미움 다툼 시기질투 버리고 – 우리 서로 사 랑해

● 오늘의 기도 제목과 응답

● 오늘의 감사

◆ 참석자

매일가정예배 | 온 가정이 함께 하나님을 만나는 시간 |

기브롯 핫다아와

1 찬 양 하 기 ● 지금까지 지내온 것 (찬 301장 1,2절)

1) 지금까지 지내온 것 주의 크신 은혜라
   한이 없는 주의 사랑 어찌 이루 말하랴
   자나 깨나 주의 손이 항상 살펴 주시고
   모든 일을 주 안에서 형통하게 하시네
2) 몸도 맘도 연약하나 새 힘 받아 살았네
   물 붓듯이 부으시는 주의 은혜 족하다
   사랑 없는 거리에나 험한 산길 헤맬 때
   주의 손을 굳게 잡고 찬송하며 가리라

2 본 문 읽 기

민수기 11:31-35

중심 구절

> 34 그곳 이름을 기브롯 핫다아와라 불렀으니 욕심을
> 낸 백성을 거기 장사함이었더라

더 깊이 읽기

+ 본문을 빠르게 한 번, 천천히 한 번 묵상합니다.
+ 마음에 와 닿는 내용·구절·단어는 무엇인가요?

③ **생 각 하 기**　　　　　　　　　　　　———————— 인도자가 읽어주세요

어떤 마을에 벌어진 큰 잔치에서, 기웃거리던 개 한 마리가 주인 몰래 큰 고기를 하나 덥석 물고 도망쳤습니다. 이 개는 방해받지 않는 곳에서 혼자 실컷 고기를 먹을 마음에 들떠서 부지런히 달렸습니다. 그러다 냇가를 건너려고 돌다리를 지나던 중에, 문득 다리 아래로 비친 모습을 보고 소스라치게 놀랐습니다. 물 속에 큰 고기를 물고 있는 개 한 마리를 발견했기 때문입니다. 그런데 물 속에 비친 고기는 자기가 가진 것보다 더 커보였습니다. 그 고기도 자기가 먹고 싶었습니다. 이런 욕심에 휩싸여 개는 물에 비친 개를 향해 왕왕 짖어댔습니다. 그러자 물 속에 비치던 개도 왕왕 짖고 있었습니다. 정신없이 짖어대다보니 어느 순간 자기가 물고 있던 고기가 물 속에 빠져버렸고, 자신을 향해 짖던 개의 입에서도 고기가 사라졌음을 알게 되었습니다. 이 개는 그제서야 어리석게도 자신의 모습이 냇가에 비친 것이었음을 깨닫고 후회하였습니다.

고기를 얻었지만 그 고기를 씹기도 전에 욕심에 휩싸여 모든 것을 놓쳐버리는 격입니다. 욕심은 결국 죄를 낳고 하나님과의 관계를 끊어버리며, 우리를 죽음에 이르게 하는 것임을 반드시 기억하시기를 바랍니다.

④ **관 찰 하 기**　　　　　　　　　　　　———————— 빈 칸을 채워보세요

① □□이 여호와에게서 나와 바다에서부터 □□□□를 몰아 진영 곁 이쪽 저쪽 곧 진영 □□으로 각기 □□□ 되는 지면 위 □ □□쯤에 내리게 한지라

② □□가 아직 □ 사이에 있어 씹히기 전에 여호와께서 백성에게 대하여 □□하사 심히 큰 □□으로 치셨으므로

③ 그곳 이름을 □□□ □□□□라 불렀으니 □□을 낸 백성을 거기 □□□이었더라

① 욕심을 부리다가 어려움을 당한 경험이 있다면 나누어 봅시다.
② 한 주간 욕심을 내려놓고 이타심으로 가족을 위해, 또 나를 위해 할 수 있는 일은 무엇일지 생각해봅시다.

이스라엘은 시내산에서 하나님의 백성으로 계약을 맺으며, 하나님께 속한 백성이 되었음을 확인하였지만, 그 첫 걸음을 뗀지 얼마되지 않아 하나님 백성의 품위를 잃어버렸습니다.

하나님의 인도와 보호하심, 마르지 않는 은혜와 안식일을 훈련하는 만나를 멸시하고 "누가 우리에게 고기를 주어 먹게 하랴?"(4절)하며 불평하였습니다. 하나님은 진노하시며 냄새도 싫어하기까지 고기를 주겠다고 말씀하셨는데, 이는 '은혜'가 아니라 '분노의 응답'이었습니다. 하나님은 그들에게 메추라기(고기)를 주셨고, 백성들이 그 고기를 이 사이에 씹기도 전에 큰 재앙으로 그들을 치셨습니다. 이 재앙으로 말미암아 죽임을 당한 이들을 쌓아놓은 무덤을 '기브롯 핫다아와'라 불렀는데, 이 말은 '탐욕의 무덤'이라는 뜻입니다.

본문은 이스라엘이 '더 더 더'하며 주어진 환경에 대하여 불평하고 욕망을 분출하다가 하나님의 심판을 받게 된 사건입니다. 그런데 그 불평과 원망의 원인은 바로 '탐욕' 때문이었습니다. 욕심이 잉태한즉 죄를 낳고, 죄가 장성한즉 사망을 낳습니다(약 1:15). 탐욕은 그치는 법이 없습니다. 탐욕은 교묘하여 손에 닿을 조금만 더 채우면 만족될 것이라는 신기루의 속성을 가졌습니다. 그러나 그 결과는 사망입니다.

6 **기도하기** ───────── 함께 기도합니다

7 축복하기

●◆ 오늘의 기도 제목과 응답 ∼∼∼∼∼∼∼∼∼∼∼∼∼∼∼∼∼∼∼∼∼∼∼∼∼∼∼∼∼

7

넷

●◆ 오늘의 감사 ∼∼∼

너는 시냇가에 심은 나무라

◆ 참석자

매일가정예배 | 온 가정이 함께 하나님을 만나는 시간 |

믿음의 사람만 생존하니라

① 찬 양 하 기 ● 눈을 들어 산을 보니 (찬 383장)

> 1) 눈을 들어 산을 보니 도움 어디서 오나
>   천지 지은 주 하나님 나를 도와주시네
>   나의 발이 실족 않게 주가 깨어 지키며
>   택한 백성 항상 지켜 길이 보호하시네
> 2) 도우시는 하나님이 네게 그늘 되시니
>   낮의 해와 밤의 달이 너를 상치 않겠네
>   네게 화를 주지 않고 혼을 보호하시며
>   너의 출입 지금부터 영영 인도하시리 아멘

② 본 문 읽 기

민수기 14:26-38

중심 구절

> 38 그 땅을 정탐하러 갔던 사람들 중에서 오직 눈의
> 아들 여호수아와 여분네의 아들 갈렙은 생존하니라

더 깊이 읽기 ✚ 본문을 빠르게 한 번, 천천히 한 번 묵상합니다.
✚ 마음에 와 닿는 내용·구절·단어는 무엇인가요?

낙타에게는 재미있는 습성이 있습니다. 낙타는 하루에 두 번 주인 앞에 무릎을 꿇습니다. 아침에는 짐을 얹으려는 주인 앞에 무릎을 꿇어 등을 내주고, 저녁이 되면 등에 진 짐을 내리길 바라며 무릎을 꿇는 것입니다. 그런데 주인 또한 낙타의 사정을 누구보다 잘 알기에 낙타의 건강 상태에 따라 짊어질 수 있을 만큼만 짐을 주고, 또 상태가 안 좋을 때는 무게도 줄여줍니다. 그렇게 낙타는 주인이 알맞은 짐만을 준다는 사실을 신뢰하며 주인 앞에 무릎을 꿇고 그 짐을 받아들입니다.

　낙타와 주인이 서로를 신뢰하고 사정을 잘 아는 것처럼 하나님은 우리의 사정을 잘 아십니다. 그래서 우리가 감당하지 못하는 시험은 주지 않으십니다. 하늘을 나는 새는 날개가 무겁다고 불평하지 않는다고 하지요? 날개 때문에 더 높게 더 멀리 날아갈 수 있기 때문입니다. 신앙은 삶의 태도와 밀접한 관련이 있습니다. 하나님의 말씀에 긍정적으로 반응하고 감사하며 순종하는 것이 참된 믿음의 모습입니다.

① 너희의 자녀들은 너희 □□한 죄를 지고 너희의 시체가 □□에서 소멸되기까지 □□ 년을 광야에서 방황하는 자가 되리라

② 너희는 그 땅을 정탐한 날 수인 사십 일의 □□를 일 년으로 쳐서 그 □□ 년간 너희의 죄악을 담당할지니 너희는 그제서야 내가 □□□□ 어떻게 되는지를 알리라 하셨다 하라

③ 그 땅을 정탐하러 갔던 사람들 중에서 오직 눈의 아들 □□□□와 여분네의 아들 □□은 생존하니라

⑤ **나 눠 보 기** ———————— 질문에 따라 묵상한 내용을 나눠주세요

① 나의 태도를 돌아봅시다. 한 주간 긍정과 부정 중 어떤 태도를 더 자주 갖고 살아가는지 서로 나눠봅시다.
② 믿음은 하나님이 함께 하심에 대한 긍정입니다. 긍정은 세상 속에서 동행하실 하나님께 열려있는 태도입니다. 나의 태도나 말 중 긍정적으로 바꾸어야 할 습관을 돌아봅시다.

드디어 가나안 땅입니다. 가나안 땅 코앞의 가데스 바네아에서 선별된 12명의 정탐꾼이 약속의 땅을 정탐하였습니다. 40일이라는 적지 않은 시간 동안 가나안 구석 구석을 살핀 그들은 이 땅이야말로 "젖과 꿀이 흐르는 땅"이라고 칭찬하였습니다. 그러나 그것이 결론이 아닙니다. 여호수아와 갈렙을 제외한 10명의 정탐꾼들은 가나안 땅을 겪기도 전에, 지레 겁먹고 불평과 부정으로 결론지었습니다. 가나안의 거주민은 크고 강하며, 성읍의 견고함 앞에서 자신들은 메뚜기 같이 초라했다고 낙담합니다. 이를 들은 백성들도 마찬가지였습니다. 지금까지 바다 길을 여시고 구름기둥 불기둥과 만나와 메추라기로 광야 생활이 가능하도록 인도하신 하나님에 대한 긍정은 이내 사라졌습니다. 아직 부딪혀보지도 않은 가나안 앞에서 겪지도 않은 일들만이 실제이고 결론인 것처럼 통곡하며 애굽으로 돌아가자고 하였습니다.

도무지 하나님의 약속을 유업으로 받을 준비가 되지 않은 출애굽 1세대들은, 결국 그 땅을 탐지한 40일의 하루하루를 1년으로 쳐서 40년간 죄악을 담당하다가 광야에서 다 죽어 소멸될 것이라고 하셨습니다. 하지만 믿음으로 긍정하며 하나님을 신뢰했던 여호수아와 갈렙은 생존하였고, 마침내 가나안 땅에 들어갔습니다. 우리도 긍정의 태도를 가지고 하나님을 굳게 신뢰하며 순종하는 삶을 살아야 하겠습니다.

⑥ **기 도 하 기** ———————— 함께 기도합니다

●◆ 오늘의 기도 제목과 응답

●◆ 오늘의 감사

◆ 참석자

매일가정예배

| 온 가정이 함께 하나님을 만나는 시간 |

원망을 내 앞에서 그치게 하라

1 찬 양 하 기

● 태산을 넘어 험곡에 가도 (찬 445장)

1) 태산을 넘어 험곡에 가도 빛 가운데로 걸어가면
   주께서 항상 지키시기로 약속한 말씀 변치 않네
2) 캄캄한 밤에 다닐지라도 주께서 나의 길 되시고
   나에게 밝은 빛이 되시니 길 잃어버릴 염려 없네
3) 광명한 그 빛 마음에 받아 찬란한 천국 바라보고
   할렐루야를 힘차게 불러 날마다 빛에 걸어가리
후렴) 하늘의 영광 하늘의 영광 나의 맘속에 차고도 넘쳐
   할렐루야를 힘차게 불러 영원히 주를 찬양하리

2 본 문 읽 기

민수기 17:1-13

중심 구절

> 5 내가 택한 자의 지팡이에는 싹이 나리니 이것으로
> 이스라엘 자손이 너희에게 대하여 원망하는 말을 내
> 앞에서 그치게 하리라

더 깊이 읽기

✚ 본문을 빠르게 한 번, 천천히 한 번 묵상합니다.
✚ 마음에 와 닿는 내용·구절·단어는 무엇인가요?

❸ 생 각 하 기 ──────────── 인도자가 읽어주세요

나폴레옹이 매우 아끼던 말을 관리 소홀로 잃어버리게 된 적이 있었습니다. 마침 말을 타고 순찰을 하던 한 병사가 그 말이 달아나는 것을 목격했는데 나폴레옹이 아끼던 말이라는 사실을 알고는 곧 쫓아가 잡아왔습니다. 말을 잃어버린 줄만 알았던 나폴레옹은 한 병사가 말을 찾아왔다는 소식을 듣고는 매우 기뻤습니다. 그리고 직접 찾아가 인사를 건넸습니다. "자네 때문에 겨우 아끼던 말을 잃지 않았네, 대위!"

나폴레옹은 병사와 악수를 하고 곧 돌아갔지만 병사는 깜짝 놀라 그 자리에 서 있었습니다. 일반 사병인 자신을 나폴레옹이 대위라고 불렀기 때문입니다. 병사는 잠시 뒤 인사담당 장교의 막사로 가서 말했습니다. "방금 나폴레옹 장군께서 저를 대위로 임명하셨습니다."

인사담당 장교는 병사의 행적을 확인한 뒤에 계급장을 주고 장교 막사까지 배정해 주었습니다. 나폴레옹이 그냥 말을 실수한 것일 수도 있지만 병사는 나폴레옹의 말이 가진 권위를 믿었고 그 믿음이 있었기에 대위로 진급을 할 수가 있었습니다. 그리스도인들에게도 이 병사와 같은 믿음이 필요합니다. 성경이 하나님의 말씀이라고 믿는다면 그 말씀이 실제로 내 삶에 이루어질 것이라고도 믿으십시오. 반드시 창대하게 될 것입니다.

❹ 관 찰 하 기 ──────────── 빈 칸을 채워보세요

① 레위의 □□□에는 □□의 이름을 쓰라 이는 그들의 조상의 가문의 각 수령이 □□□ 하나씩 있어야 할 것 임이니라

② 이튿날 모세가 □□□ □□에 들어가 본즉 □□ 집을 위하여 낸 □□의 지팡이에 움이 돋고 순이 나고 꽃이 피어서 □□ □□가 열렸더라

③ 여호와께서 또 모세에게 이르시되 아론의 지팡이는 □□□ □으로 도로 가져다가 거기 간직하여 반역한 자에 대한 □□이 되게 하여 그들로 내게 대한 □□을 그치고 □□ □□ 할지니라

142

5 **나 눠 보 기** ────────────

① 최근에 나의 삶 속에서 불평과 원망이 있었다면 돌이켜보고, 왜 그런 불평과 원망이 생겨났는지 객관화하여 서로 나눠봅시다.

② 3불(불평, 불만, 불신)은 하나님께서 기뻐하지 않으십니다. 삶속에서 3불의 모습을 버리기 위해 어떻게 해야 할지 나눠봅시다.

하나님께서는 열두 지파의 모든 지휘관들에게 각각 지팡이 하나씩을 가져와 자기 이름을 쓰게 하고, 아론도 레위 지파를 대신하여 아론의 지팡이를 가져오게 하여 지성소의 증거궤 앞에 두게 하십니다.

하나님께서 말씀하신 대로 각 지파의 지도자의 지팡이를 모아 열두 개의 지팡이를 지성소의 언약궤 앞에 두고 하룻밤이 지나자, 아론의 지팡이에만 움이 돋고 순이 나고 꽃이 피어서 살구 열매가 열렸습니다(8절). 하나님께서는 싹이 나는 지팡이의 주인이 하나님께서 선택하신 '종'이라는 것을 말씀하셨었기에(5절), 이 과정을 통해 하나님께서 아론과 그의 자손들을 제사장으로 선택하셨음을 분명하게 보이신 것입니다.

하나님께서 더 이상 모세와 아론의 지도력과 권위에 도전하지 못하도록 명백한 하나님의 선택하심에 대해 보여주려고 하신 것입니다.

하나님은 모세와 아론의 권위에 도전했던 사건들과 같은 일이 반복되지 않도록 아론의 싹 난 지팡이를 증거궤에 보관하도록 하여, 더 이상 하나님을 향한 반역이 일어나지 않도록 하기 위한 표징이 되도록 하셨습니다(10절). 하룻밤 만에 움이 돋고, 꽃이 피고, 열매까지 맺히게 하는 하나님의 놀라운 역사는 하나님의 전적인 주권을 보여주시는 표징이 되었습니다.

6 **기 도 하 기** ────────────

●◆ 오늘의 기도 제목과 응답

●◆ 오늘의 감사

◆ 참석자

매일가정예배
| 온 가정이 함께 하나님을 만나는 시간 |

쳐다본즉 모두 살더라

① 찬 양 하 기　　　　　　　　　　● 주는 나를 기르시는 목자 (찬 570장)

1) 주는 나를 기르시는 목자요 나는 주님의 귀한 어린 양
　 푸른 풀밭 맑은 시냇물가로 나를 늘 인도하여 주신다
2) 예쁜 새들 노래하는 아침과 노을 비끼는 고운 황혼에
　 사랑하는 나의 목자 음성이 나를 언제나 불러 주신다
3) 못된 짐승 나를 해치 못하고 거친 비바람 상치 못하리
　 나의 주님 강한 손을 펼치사 나를 주야로 지켜 주신다
후렴) 주는 나의 좋은 목자 나는 그의 어린 양
　 철을 따라 꼴을 먹여 주시니 내게 부족함 전혀 없어라 아멘

② 본 문 읽 기

민수기 21:4-9

중심 구절

> 9 모세가 놋뱀을 만들어 장대 위에 다니 뱀에게 물린
> 자가 놋뱀을 쳐다본즉 모두 살더라

더 깊이 읽기　✚ 본문을 빠르게 한 번, 천천히 한 번 묵상합니다.
　　　　　　　✚ 마음에 와 닿는 내용·구절·단어는 무엇인가요?

생 각 하 기 ──────────── 인도자가 읽어주세요

미항공우주국에서 1970년 4월 11일에 세 번째 달 착륙을 목표로 우주선을 쏘아 올렸습니다. 그런데 32만 1,860km까지 날아오른 아폴로 13호에 실린 두 개의 산소통 중 하나가 폭발하는 사고가 발생했습니다. 더 큰 문제는 나머지 산소통 하나도 폭발의 위험에 놓였다는 것입니다. 그러나 이 우주선은 엿새 뒤에 극적으로 무사 생환했습니다.

그들은 극박한 상황에서 규정과 지시를 어기고 우주선의 모든 불을 꺼버렸다고 합니다. 그런데 불을 끈 순간, 그들의 눈앞에 희미하게 보이는 지구가 선명하게 보이기 시작한 것입니다. 우주선 안이 깜깜할수록 어디가 땅인지, 어디가 바다인지가 분명히 보였으며, 심지어 바다 어느 곳이 안전한 착륙지까지 선명하게 보였다고 합니다. 그 때문에 그들은 수동 조작으로 그곳에 안전하게 착륙할 수 있었고, 전원 무사할 수 있었다고 합니다.

하나님이 가장 좋아하시는 일은 우리가 그분과 눈을 마주치는 것입니다. 하나님을 더 환하게 바라보기 위해 우리의 손으로 희미한 불들을 의도적으로 끌 때 우리를 바라보시는 하나님의 눈동자가 더욱 반짝이며 빛이 날 것입니다. 도움도 되지 않는 희미한 불들을 끄면, 봐야 할 하나님의 빛이 보일 것입니다.

4

관 찰 하 기 ──────────── 빈 칸을 채워보세요

① 백성이 □□□과 □□를 향하여 □□하되 어찌하여 우리를 애굽에서 인도해 내어 이 □□에서 죽게 하는가 이곳에는 □□ □도 없고 □도 없도다 우리 마음이 이 □□□ □□을 싫어하노라 하매

② 여호와께서 모세에게 이르시되 □□을 만들어 □□ 위에 매달아라 □□ □마다 그것을 □□ 살리라

③ 모세가 □□을 만들어 □□ 위에 다니 □에게 물린 자가 □□을 쳐다본즉 모두 □□□

⑤ 나눠보기 ——————————— 질문에 따라 묵상한 내용을 나눠주세요

① 예전에는 감사하게 생각했던 일들이 어느새 불평과 원망의 대상으로 바뀐 적
   이 있었다면 서로 이야기해 봅시다.
② 쳐다보면 살고, 쳐다보지 않으면 죽었다는 것을 대조해 보고, 이 둘이 믿음과
   삶의 태도에 어떤 차이가 있는지 서로 나눠봅시다.

오늘 말씀은 이스라엘 백성들이 호르 산을 출발하여 홍해 길을 따라 에돔 땅을
우회하려다가 만난 험난한 길로 말미암아 백성들의 마음이 상하여 하나님을 원
망하는 일로 시작합니다.

이스라엘 백성들이 불평을 한 이유는 바로 가나안 땅으로 들어가면 되는데
우회하여 갔기 때문입니다. 이스라엘의 불평 소리에 하나님은 불 뱀을 보내십니
다. 이렇게 하신 것은 이스라엘 백성들이 하나님께 원망하는 죄를 범했기 때문입
니다. 불뱀의 습격으로 죽어가자 이스라엘 백성들은 그제서야 모세에게 와서 말
합니다. "우리가 여호와와 당신을 향하여 원망하므로 범죄하였사오니, 여호와께
기도하여 이 뱀들을 우리에게서 떠나게 하소서" 라고 말합니다.

그런데 하나님께서는 회개하는 이스라엘 백성들을 보시고, 그들로부터 뱀들
을 떠나게 해 주실 뿐만 아니라, 놋으로 뱀을 만들어 뱀에 물려 죽어가던 사람들도
그 뱀을 보면 살 수 있도록 하셨습니다. 이스라엘 백성은 뱀을 떠나게 해 달라고
했는데, 하나님은 그 뱀을 보는 이들마다 살도록 더 큰 은혜를 베푸셨습니다.

⑥ 기 도 하 기 ——————————— 함께 기도합니다

7 축 복 하 기

●◆ 오늘의 기도 제목과 응답

●◆ 오늘의 감사

◆ 참석자

매일가정예배 | 온 가정이 함께 하나님을 만나는 시간 |

이스라엘아 들으라

① 찬 양 하 기 ● 예수가 함께 계시니 (찬 325장)

1) 예수가 함께 계시니 시험이 오나 겁없네
   기쁨의 근원 되시는 예수를 위해 삽시다
2) 이 세상 사는 동안에 주 이름 전파하면서
   무한한 복락 주시는 예수를 위해 삽시다
3) 이 세상 친구 없어도 예수는 나의 친구니
   불의한 일을 버리고 예수를 위해 삽시다
4) 주께서 심판하실 때 잘했다 칭찬 하리니
   이러한 상급 받도록 예수를 위해 삽시다
후렴) 날마다 주를 섬기며 언제나 주를 기리고
   그 사랑 안에 살면서 딴 길로 가지 맙시다

② 본 문 읽 기

신명기 6:4-9

중심 구절

> 5 너는 마음을 다하고 뜻을 다하고 힘을 다하여 네 하나님 여호와를 사랑하라

더 깊이 읽기

✚ 본문을 빠르게 한 번, 천천히 한 번 묵상합니다.
✚ 마음에 와 닿는 내용·구절·단어는 무엇인가요?

미국 신문 편집인 협회가 1970년대말 실시한 역사상 가장 존경받는 사람 뽑기 투표를 했습니다. 1등은 예수님이셨고, 2등은 링컨이었습니다. 링컨은 그의 어머니 낸시와 계모 사라로부터 믿음과 사랑을 배웠습니다. 링컨은 호롱불 밑에서 사랑하는 어머니의 무릎 위에 앉아서 성경 말씀을 배우며 자랐습니다. 링컨의 어머니는 링컨에게 두 가지 유언을 했습니다.

"내 아들아! 이 책은 나의 부모님으로부터 받은 성경이다. 내가 여러번 읽어 낡았지만, 그러나 우리 집의 큰 가보(家寶)이다. 내가 많은 땅을 너에게 물려주는 것보다 이 한 권의 성경을 너에게 물려주는 것을 기쁘게 생각한다. 네가 이 진리의 말씀을 읽고 이 책대로 살면 나는 네가 많은 땅의 주인이 되는 것보다 더 기쁘겠다. 사랑하는 아들아! 너는 성경을 읽고 하나님 말씀대로 사는 사람이 되어 다오. 하나님을 사랑하고 이웃을 사랑해야 한다. 이것이 나의 마지막 부탁이다."

① 이스라엘아 □□□ 우리 하나님 여호와는 오직 □□□ 여호와이시니

② 너는 □□을 다하고 □을 다하고 □을 다하여 네 하나님 여호와를 □□하라

③ 네 □□에게 부지런히 가르치며 □에 앉았을 때에든지 □을 갈 때에든지 □□ 있을 때에든지 □□□ 때에든지 이 □□을 강론할 것이며

⑤ 나눠보기 ——————————— 질문에 따라 묵상한 내용을 나눠주세요

① 믿음의 삶을 사는 중에 내가 마음과 뜻과 힘을 다하여 하나님을 진정으로 사랑했던 순간들이 있다면 서로 나누어 봅시다.
② 지금도 우리는 '쉐마 이스라엘'의 신앙으로 살아야 합니다. 왜 그런지 오늘 본문에서 그 이유를 찾아 서로 나누어 봅시다.

40년이라는 세월이 차서 애굽에서 나온 제 1세대는 다 죽고, 제 2세대가 가나안 땅으로 들어가기 위해 여리고 맞은 편 요단가 모압 평지에 진을 치고 있습니다. 모세는 젊은 세대에게 가나안 땅이라는 새로운 환경에서 광야 세대가 범했던 실수를 반복하지 않고 하나님의 명령과 규례를 잘 지켜 복을 누리며 살 수 있도록 율법 전반에 걸쳐 설명을 해주고 있는데, 그것이 신명기의 내용입니다. 특별히 신명기의 핵심 주제는 오늘 봉독한 신명기 6장 4-9절 말씀입니다. 이스라엘 백성들은 신명기 6장 4-9절까지의 말씀을 4절의 첫 글자인 쉐마, 즉 "들으라"는 말씀을 따라 쉐마라고 부릅니다.

이 말씀은 한 분이신 하나님을 온 마음을 다해서 사랑하고, 목숨 걸고 사랑하고, 힘과 행동, 의지를 다해서 사랑하라는 것입니다. "어느 계명이 가장 크냐?"라는 질문을 받은 예수님은 이 말씀을 인용해 하나님 사랑과 이웃 사랑을 강조하셨습니다(막 12:28-31). 또 예수님은 "나의 계명을 지키는 자라야 나를 사랑하는 자니 나를 사랑하는 자는 내 아버지께 사랑을 받을 것이요 나도 그를 사랑하여 그에게 나를 나타내리라(요 14:21)" 라고 강조하셨습니다.

⑥ 기도하기 ——————————— 함께 기도합니다

❖ 오늘의 기도 제목과 응답

❖ 오늘의 감사

◆ 참석자

매일가정예배 | 온 가정이 함께 하나님을 만나는 시간 |

여호와의 눈이 항상 그 위에 있느니라

1 찬 양 하 기 ● 험한 시험 물 속에서 (찬 400장)

1) 험한 시험 물 속에서 나를 건져주시고
   노한 풍랑 지나도록 나를 숨겨주소서
2) 권세 능력 무한하사 모든 시험 이기고
   풍랑까지 다스리는 주님 앞에 비오니
3) 죄악 길에 빠진 이 몸 캄캄한데 헤매며
   부르짖는 나의 애원 들으소서 내 주여
후렴) 주여 나를 돌보시사 고이 품어주시고
   험한 풍파 지나도록 나를 숨겨주소서 아멘

2 본 문 읽 기

신명기 11:8-17

중심 구절

> 12 네 하나님 여호와께서 돌보아 주시는 땅이라 연초부터 연말까지 네 하나님 여호와의 눈이 항상 그 위에 있느니라

더 깊이 읽기 ✚ 본문을 빠르게 한 번, 천천히 한 번 묵상합니다.
✚ 마음에 와 닿는 내용·구절·단어는 무엇인가요?

제임스 테일러James Taylor는 남다른 신앙의 소유자였습니다. 약제사로 일하면서 성경을 읽고 말씀대로 살려고 노력했습니다. 소외된 자들을 사랑했고, 생계 때문에 교회에 나갈 수 없는 가난한 사람들을 찾아다니며 전도했습니다. 그리고 손님들로부터 약 값을 정당한 가격 이상 받는 일이 없었습니다. 정직을 사업의 신조로 삼았기 때문입니다. 주변에 가난한 사람들이 많았기 때문에 그들에게 약 값을 절반만 받거나 아예 받지를 않았습니다.

그들이 말합니다. "지난번에도 거저 약을 지어 주셨는데요."

"우선 병이 나아야 하니까 그냥 가져가시고 빨리 건강을 회복하세요."

"그래도 죄송해서…"

"조금도 염려하지 마세요. 계산서는 벌써 천국에 보내 놓았으니까요. 거기 가서 갚으시면 됩니다. 약이 다 떨어지면 또 오십시오. 그런데 부탁할 것이 있습니다. 하나님의 은혜를 잊지 않는 것이 당신이 갚아야 할 약 값이라는 사실을 잊지 말아야 합니다."

이처럼 제임스 테일러는 많은 사람들에게 선행을 베풀었고, 그의 약국은 번창하는 복을 누렸습니다.

① 그러므로 너희는 내가 오늘 너희에게 명하는 모든 □□을 지키라 그리하면 너희가 □□할 것이요 너희가 건너가 □□□ □에 들어가서 그것을 차지할 것이며

② 또 여호와께서 너희의 조상들에게 □□하여 그들과 그들의 □□에게 주리라고 하신 땅 곧 □과 □□이 흐르는 땅에서 너희의 날이 □□□□□

③ 네 하나님 여호와께서 □□□ □□□ □이라 □□부터 □□까지 네 하나님 여호와의 □이 항상 그 위에 있느니라

① 지금까지 살아오며 하나님께서 나와 항상 동행하신다는 것을 느껴본 경험들이 있다면 서로 나누어 봅시다.

② 가나안 땅이 왜 젖과 꿀이 흐르는 땅이 되는 것인지 12절에서 그 해답을 찾고, 그 신앙적 의미에 대해 나눠 봅시다.

오늘 본문은 과거의 경험으로 인해 미래의 축복에 대한 확신을 갖고 하나님을 사랑하여 그의 말씀에 순종할 것을 이야기합니다. 모세는 '그러므로'(8절)라는 말로 본문을 시작합니다. '그러므로'라는 접속사는 앞에 등장하는 사건으로 뒤에 등장하는 일을 확실하게 해주는 역할을 합니다. 오늘 본문에서는 '그러므로' 접속사 뒤에 이스라엘이 가나안 땅에서 누릴 축복이 기록되어 있습니다.

말씀의 핵심은 하나님의 축복으로 '땅'에 대한 축복이 강조되고 있습니다. 거의 각 절마다 '땅'이라는 단어가 등장합니다. 무엇보다도 가나안 땅은 하나님께서 돌보아 주심으로 은혜를 받는 땅임을 알 수 있습니다. 10-11절에 하나님의 돌보심의 은혜가 분명하게 나타납니다.

모세는 여기서 애굽의 땅과 가나안 땅을 비교하고 있습니다. 애굽은 발로 밭에 물을 댈 수 있을 만큼 농사가 쉬웠던 땅입니다. 그리고 애굽의 땅은 이미 '채소밭'이었습니다. 조금만 노력하면 많은 수확물을 얻을 수있는 땅이었습니다. 하지만 그에 반해 가나안은 산과 골짜기로 이루어진 땅입니다. 애굽처럼 발로 물을 댈 수도 없는 땅이고, 그렇다고 농사가 쉬운 평평한 땅도 아니었습니다. 하지만 하나님께서 돌보아주시는 그 땅은 14절에서 말씀하듯이 하나님께서 적당한 때에 늦은 비와 이른 비를 내리셔서 풍성한 소산물을 얻을 수 있는 땅입니다.

가나안 땅은 비록 척박하고 험난해도 하나님이 돌보아 주시는 땅은 만족이 있습니다.

⑥ 기 도 하 기 ──────── 함께 기도합니다

7 축 복 하 기

●◆ 오늘의 기도 제목과 응답

●◆ 오늘의 감사

◆ 참석자

매일가정예배 | 온 가정이 함께 하나님을 만나는 시간 |

무죄한 피를 흘리지 말라

1 찬 양 하 기 ● 피난처 있으니 (찬 70장)

1) 피난처 있으니 환난을 당한 자 이리오라
   땅들이 변하고 물결이 일어나 산 위에 넘치되 두렵잖네
2) 이방이 떠들고 나라들 모여서 진동하나
   우리 주 목소리 한 번만 발하면 천하에 모든 것 망하겠네
3) 만유 주 하나님 우리를 도우니 피난처요
   세상의 난리를 그치게 하시니 세상의 창검이 쓸데없네
4) 높으신 하나님 우리를 구하니 할렐루야
   괴롬이 심하고 환난이 극하나 피난처 되시는 주 하나님

2 본 문 읽 기

신명기 19:1-13

중심 구절

> 3 네 하나님 여호와께서 네게 기업으로 주시는 땅 전
> 체를 세 구역으로 나누어 길을 닦고 모든 살인자를 그
> 성읍으로 도피하게 하라

더 깊이 읽기
+ 본문을 빠르게 한 번, 천천히 한 번 묵상합니다.
+ 마음에 와 닿는 내용·구절·단어는 무엇인가요?

스코틀랜드의 독립운동가 로버트 부르스라는 사람이 도피자로 지낼 때의 일입니다. 어느날 부르스는 쫓겨서 달아나다가 너무 급한 나머지 산 속 동굴로 피신해 숨어 들었습니다. 동굴 속에 숨어서 숨을 죽이고 밖을 내다보던 그는 자기 앞에서 거미 한 마리가 열심히 거미줄을 치고 있는 것을 보았습니다.

　이윽고 자기를 쫓는 무리가 동굴 입구에까지 닥쳤습니다. 그들은 거미줄이 쳐져 있는 것을 보고 여기엔 들어가지 않았다고 말하며 그냥 돌아가 버렸습니다. 그때 부르스는 무릎을 쳤습니다. 그리고 이렇게 고백했습니다. "오, 하나님. 이 작은 거미의 뱃속에 나를 위한 피난처를 마련해 주셨군요. 거미를 통해서 나를 보호해 주시다니, 참으로 감사합니다."

　이렇게 깨달을 수 있는 은혜가 주어진 것이 감사한 일입니다. 아주 절박한 순간에 무심코 나타나는 하나님의 섭리를 깨달아 알 수 있는 은혜가 진정한 영적 은혜입니다.

④ 　관 찰 하 기 ───────── 빈 칸을 채워보세요

① 네 하나님 여호와께서 네게 □□으로 주신 땅 가운데에서 □ □□을 너를 위하여 구별하고

② 네 하나님 여호와께서 네게 기업으로 주시는 땅 전체를 □ □□으로 나누어 길을 닦고 모든 살인자를 그 □□으로 도피하게 하라

③ 그 사람이 그에게 본래 □□이 없으니 죽이기에 합당하지 아니하나 두렵건대 그 피를 보복하는 자의 마음이 □□□에 불타서 □□□를 뒤쫓는데 그 가는 길이 멀면 그를 따라 잡아 □□□ 하노라

① 지금까지 살아오는 중에 위험하고 힘들어 피할 곳을 찾았던 경험이 있었다면 서로 함께 나누어 봅시다.
② 도피성은 이스라엘에게 큰 위안이 되는 장소였습니다. 우리의 신앙생활에 도피성은 어떤 의미가 있는 곳인지 서로 나누어 봅시다.

도피성을 세우라는 것은 백성의 편리를 위해서 마련한 하나의 제도가 아닙니다. 도피성을 통해서 하나님의 다스림을 받고 살아가는 이스라엘이란 나라가 어떤 나라인가를 배우라는 것입니다. 하나님은 도피성을 만들게 하시고 또 이스라엘 안에 실수로 사람을 죽인 자를 도피성으로 피하도록 하심으로서 이스라엘 전체에 뭔가를 가르치시고 배우게 하려는 의도가 있으심을 알 수 있습니다. 그래서 오늘 우리는 도피성에 담겨 있는 하나님의 의도를 발견함으로서 하나님이 원하시는 이스라엘, 즉 하나님의 나라가 어떤 나라인가를 마음에 담고 돌아가야 할 것입니다.

하나님은 도피성을 통해서 이스라엘은 하나님의 자비와 사랑이라는 원칙과 기준 아래 살아가야 할 나라임을 가르치시는 것입니다. 그리고 하나님 나라 확장이란 바로 이 도피성의 정신 아래 굴복하는 자가 늘어가는 것을 의미하는 것입니다.

도피성의 실체는 예수님이 오심으로 이루어집니다. 예수님으로 인해서 영원한 도피성이 주어진 것입니다. 하나님은 독생자 예수님을 우리 가운데 보내주셨고, 그분의 십자가를 통해 공의와 사랑을 다 이루시며 우리를 구원해주셨습니다. 그러므로 예수님은 우리의 완전하고 영원한 도피성이 되시는 분이십니다. 도피성 되시는 예수님께 피하여 날마다 든든한 보호를 받으며 살아가시기 바랍니다.

6 **기 도 하 기** ———————————— 함께 기도합니다

아름다운 마음들이 모여서

작자 미상

1. 아름다운마음들이 모 여서 — 주의 은혜 나 누며 —
2. 이다음에예수님을 만 나면 — 우리 뭐라 말 할까 —

예수님을따라사랑 해야 — 지 — 우리 서 로 사 랑해 —
그때에는부고러움 없어야지 — 우리 서 로 사 랑해 —

하나님이가르쳐준 한 가지 — 내이웃을내몸과같 이

미움다툼시기질투 버 리고 — 우리 서 로 사 랑해

●◆ 오늘의 기도 제목과 응답

●◆ 오늘의 감사

◆ 참석자

매일가정예배 | 온 가정이 함께 하나님을 만나는 시간 |

9월
둘째 주간

애굽에서 종 되었던 것을 기억하라

① 찬 양 하 기   ● 네 맘과 정성을 다하여서 (찬 218장)

1) 네 맘과 정성을 다하여서 주 너의 하나님을 사랑하라
   네 몸을 아끼고 사랑하듯 형제와 이웃을 사랑하라
   주께서 우리게 명하시니 그 명령 따라서 살아가리
2) 널 미워 해치는 원수라도 언제나 너그럽게 사랑하라
   널 핍박 하는 자 위해서도 신실한 맘으로 복을 빌라
   주께서 우리게 명하시니 그 명령 따라서 살아가리
3) 나 항상 주님을 멀리하고 형제를 사랑하지 못하였다
   이러한 죄인을 사랑하사 주께서 몸 버려 죽으셨다
   속죄의 큰 사랑 받은 이 몸 내 생명 다 바쳐 충성하리 아멘

② 본 문 읽 기

신명기 24:14-22

중심 구절

> 18 너는 애굽에서 종 되었던 일과 네 하나님 여호와께서 너를 거기서 속량하신 것을 기억하라 이러므로 내가 네게 이 일을 행하라 명령하노라

더 깊이 읽기   ✚ 본문을 빠르게 한 번, 천천히 한 번 묵상합니다.
                ✚ 마음에 와 닿는 내용·구절·단어는 무엇인가요?

뉴욕에 얼마 전까지만 해도 세계에서 가장 높은 엠파이어스테이트 빌딩이 있었습니다. 그 높이가 무려 102층이었습니다. 그것은 자신들에게 개척 정신과 감사의 정신을 심어 준 102명의 선조를 기념하기 위해 지은 것이라고 합니다. 지난 1620년에 메이플라워호를 타고 온 청교도들은 그해 겨울에 굶주림과 질병, 인디언들의 습격으로 44명만 살아남았습니다. 지속되는 흉년에도 낙심하지 않던 그들에게 3년째 되던 해 풍년이 찾아왔습니다. 그런데 추수를 얼마 앞두고 벌레들이 수없이 나타나 곡식을 갉아먹기 시작했습니다. 아무리 벌레를 잡아도 소용이 없자, 그들은 한자리에 모여 손에 손을 잡고 울면서 기도했습니다. 그러면서 밤새 회개했습니다. "하나님! 신앙의 자유를 찾아 이곳에 왔지만, 하나님의 은혜를 기억하지 않고 살았던 저희를 용서해 주소서."

다음 날 아침에 놀라운 기적이 일어났습니다. 참새 떼가 하늘을 덮을 듯이 새까맣게 날아와 벌레들을 모조리 잡아먹기 시작했습니다. 그들은 하나같이 외쳤습니다. "우리는 하나님을 믿노라. 우리는 하나님의 은혜를 기억하노라." 그 일로 그들은 하나님께 드리는 감사가 부족했음을 깨달았으며, 그동안 소홀히 여겼던 추수감사예배를 풍성하게 드렸습니다. 이로부터 '울며 씨를 뿌리는 자는 기쁨으로 단을 거두리로다'라는 추수의 원리와 하나님의 은혜에 대한 감사의 정신이 후손들에게 계속 이어진 것입니다.

❹ 관 찰 하 기 ─────────── 빈 칸을 채워보세요

① 그 품삯을 □□에 주고 해 진 후까지 □□□ 말라 이는 그가 □□하므로 그 품삯을 간절히 바람이라 그가 너를 □□□께 □□하지 않게 하라 그렇지 않으면 그것이 네게 □가 될 것임이라

② 너는 □□에서 □ 되었던 일과 네 하나님 여호와께서 너를 거기서 □□하신 것을 □□□□ 이러므로 내가 네게 이 일을 행하라 명령하노라

③ 네가 네 포도원의 포도를 딴 후에 그 □□ □을 다시 따지 말고 □과 □□와 □□를 위하여 남겨두라

5   **나 눠 보 기** ──────────── 질문에 따라 묵상한 내용을 나눠주세요

① 살면서 누군가의 호의와 도움으로 어려움을 이겨냈던 경험들이 있다면 그때 어떤 마음이 들었는지 서로 이야기해 봅시다.
② 우리는 하나님의 은혜로 살아갑니다. 우리도 주변에 도움이 필요한 사람들에게 어떻게 도움을 주며 살아야 할지 서로 나눠봅시다.

신명기는 이스라엘 백성이 광야 생활 40년을 거쳐 가나안을 앞두고 요단강을 건너기 직전에 기록된 책입니다. 모세는 자신이 죽기 전, 출애굽 2세대들이 하나님을 잘 섬길 수 있도로 지도하고자 했는데, 그 핵심이 신명기 24장 22절에 있습니다. "애굽 땅 종 되었던 것을 기억하라"는 것입니다.

하나님 백성은 약자의 입장을 생각해야 합니다. 일용직 노동자에게 당일의 품삯을 주지 않은 것은 그와 그 가족에게 식량을 주지 않아 굶주리게 하는 것과 같습니다. 공의로운 심판주 하나님은 고의적인 임금 체불의 죄를 간과하지 않으실 것입니다. 각 사람은 자신이 지은 죄를 책임져야 합니다(16절). 이스라엘은 애굽에서 종살이하며 학대와 고통을 당했던 때에 자신들을 구원해 주신 하나님의 은혜를 기억하며, 고아와 과부와 나그네 등 약자에게 불리하게 재판하거나 그들을 착취하지 말아야 합니다. 성도는 하나님의 자비를 넘치게 받은 만큼 다른 사람들에게 자비를 베풀어야 합니다. 힘없는 사람이라는 이유로 억울함을 당하는 일이 없는 사회를 만들어 가야 합니다.

하나님 백성은 가난한 사람들을 배려해야 합니다. 고아와 과부와 나그네는 자신을 부양해줄 가장이 부재하거나 경제적 기반이 없어 생계가 어려운 사람들입니다. 하나님이 이들을 배려하는 특별한 추수법을 마련해 주십니다. 추수할 때 밭에서 거두지 못한 곡식 단은 가난한 사람들을 위해 그대로 두어야 합니다. 과수원의 과일도 두 번에 걸쳐 다 거두지 말고, 의도적으로 남겨 두어야 합니다. 보아스처럼 자비심 많은 사람은 궁핍한 이들을 위해 일부러 넉넉히 남겨 두기도 했습니다. 형편이 어려운 사람들에게는 때로 작은 베풂도 큰 도움이 될 수 있습니다.

6   **기 도 하 기** ──────────── 함께 기도합니다

7 **축 복 하 기**

● 오늘의 기도 제목과 응답

● 오늘의 감사

◆ 참석자

매일가정예배 | 온 가정이 함께 하나님을 만나는 시간 |

순종하면 모든 복이 네게 임하리라

1 찬 양 하 기

● 나의 영원하신 기업 (찬 435장)

1) 나의 영원하신 기업 생명보다 귀하다
　　나의 갈 길 다 가도록 나와 동행하소서
2) 세상 부귀 안일함과 모든 명예 버리고
　　험한 길을 가는 동안 나와 동행하소서
3) 어둔 골짝 지나가며 험한 바다 건너서
　　천국 문에 이르도록 나와 동행하소서
후렴) 주께로 가까이 주께로 가오니
　　나의 갈 길 다 가도록 나와 동행하소서 아멘

2 본 문 읽 기

신명기 28:1-14

중심 구절

> 1 네가 네 하나님 여호와의 말씀을 삼가 듣고 내가 오늘 네게 명령하는 그의 모든 명령을 지켜 행하면 네 하나님 여호와께서 너를 세계 모든 민족 위에 뛰어나게 하실 것이라

더 깊이 읽기

✚ 본문을 빠르게 한 번, 천천히 한 번 묵상합니다.
✚ 마음에 와 닿는 내용·구절·단어는 무엇인가요?

③ 생 각 하 기 ──────────── 인도자가 읽어주세요

믿음에 대해 이야기 할때 가장 많이 쓰는 예화가 '나뭇가지에 매달려 있는 사람'의 비유입니다. 어떤 나그네가 밤에 길을 가다 그만 발을 헛디뎌 절벽으로 떨어졌습니다. 다행히 나뭇가지를 잡아 절벽 중간에 매달렸습니다. 그러나 점차 손에 힘이 빠졌습니다. 밑을 보니 어둡고 까마득했습니다. 비록 하나님을 믿는 사람은 아니었지만 기도가 저절로 나왔습니다. 그러자 하늘에서 음성이 들려왔습니다.

"나뭇가지를 잡고 있는 네 손을 놓아라."

믿음은 이렇듯 '순종'을 요구합니다. 믿으면 순종해야 합니다. 하지만 순종은 모험입니다. 모험을 하게 만드는 것이 믿음입니다. 모든 인간관계도 믿음의 모험이고 주님과의 관계도 마찬가지입니다.

믿음이 부족한 인간은 없습니다. 다만 자신의 믿음을 어디에 투자하느냐만 다를 뿐입니다. 인간은 반드시 무언가는 믿으며 살아가게 되어 있습니다. 믿지 않으면 불안하기 때문입니다. 그래서 믿음의 모험은 나를 믿든가 나를 안 믿든가, 단 두 개의 선택권밖에 없습니다. 하나님께 불순종하는 것은 나를 믿는 것이고 하나님께 순종하는 것은 나를 안 믿는 것입니다.

④ 관 찰 하 기 ──────────── 빈 칸을 채워보세요

① 네가 네 하나님 여호와의 □□을 삼가 듣고 내가 오늘 네게 명령하는 그의 □□ □□을 지켜 행하면 네 하나님 여호와께서 너를 세계 모든 □□ 위에 뛰어나게 하실 것이라

② 네가 네 하나님 여호와의 □□을 □□하면 이 모든 □이 네게 임하며 네게 이르리니

③ 네가 □□□□ 복을 받고 □□□ 복을 받을 것이니라

① 하나님의 말씀에 순종하여 경험하게 된 축복이나 불순종 때문에 경험한 낭패가 있다면 서로에게 이야기해 봅시다.
② 율법서(모세오경)의 총결론인 순종하면 축복이요 불순종하면 저주라는 사실은 나에게 무엇을 촉구하는지 서로 나눠봅시다.

신명기에 기록된 모세의 설교는 이스라엘이 40년 광야 생활을 마치고, 하나님께서 약속하신 가나안 땅에 들어가기 전, 한 시점에서 했던 설교입니다. 신명기 28장은 하나님의 율법에 대한 순종 여부에 따른 복과 저주를 모세의 설교 형식으로 전하고 있습니다.

　　이스라엘이 여기에 기록된 풍성한 복을 받는 비결은 오직 말씀을 삼가 듣고 그것을 지켜 행하는 것입니다. 2절과 8절은 이렇게 할 때 축복이 그들에게 임하여 미치려고 준비하고 있는 듯한 느낌을 줍니다. 이처럼 복은 사람이 추구해서 얻어야 하는 것이 아니라 하나님의 허락으로 복이 사람을 따라야 합니다. 말씀 순종에 따르는 구체적인 복을 살펴보면, 이스라엘은 어디서나 복을 받고, 무엇이나 복을 받으며(4-5), 언제든지 복을 받게 될 것입니다(6). 또한, 대적에 대해 승리를 얻게 되고(7), 하나님이 함께하시는 여호와의 성민임이 만민에게 알려져 두려움과 존경의 대상이 될 것입니다(8-10). 그리하여 이스라엘은 차고 넘치는 그 같은 축복을 다른 민족들에게 나누어 주고(12), 앞서서 그들을 바른길로 인도하는 민족이 되리라는 것입니다(13). 이처럼 복의 근원이 되고 복의 전수자가 되는 것이 이스라엘이 받은 원래 소명입니다. 그리고 이 같은 소명의 성취는 온전히 말씀에 순종함으로 하나님과 올바른 관계를 맺는 데 있습니다(14).

⑥ 기 도 하 기 ──────── 함께 기도합니다

아름다운 마음들이 모여서

작자 미상

1. 아름다운 마음들이 모 여서 – 주의 은혜 나 누며 –
2. 이다음에 예수님을 만 나면 – 우리 뭐라 말 할까 –

예수 님을 따라 사랑 해야 – 지 – 우리 서로 사 랑해 –
그때에는 부끄러움 없어야지 – 우리 서로 사 랑해 –

하나님이 가르쳐준 한 가지 –   내 이웃을 내 몸과 같 이

미움 다툼 시기 질투 버 리고 – 우리 서로 사 랑해

●◆ 오늘의 기도 제목과 응답

●◆ 오늘의 감사

◆ 참석자

매일가정예배 | 온 가정이 함께 하나님을 만나는 시간 |

강하고 담대하라

1 찬 양 하 기   ● 허락하신 새 땅에 (찬 347장)

1) 허락하신 새 땅에 들어가려면 맘에 준비 다하여 힘써 일하세
2) 시험 환난 당해도 낙심 말고서 맘에 걱정 버리고 힘써 일하세
3) 앞서 가신 예수님 바라보면서 모두 맘을 합하여 힘써 일하세
4) 일할 곳이 아직도 많이 있으니 담대하게 나가서 힘써 일하세
후렴) 여호수아 본받아 앞으로 가세 우리 거할 처소는 주님 품일세

2 본 문 읽 기

여호수아 1:1-9

중심 구절

> 9 내가 네게 명령한 것이 아니냐 강하고 담대하라 두
> 려워하지 말며 놀라지 말라 네가 어디로 가든지 네 하
> 나님 여호와가 너와 함께 하느니라 하시니라

더 깊이 읽기

✚ 본문을 빠르게 한 번, 천천히 한 번 묵상합니다.
✚ 마음에 와 닿는 내용·구절·단어는 무엇인가요?

미국 샌프란시스코에 있는 금문교 Golden Gate Bridge는 관광 명소로 유명합니다. 높이 227미터의 탑에서 늘어뜨린 두 줄의 케이블에 매달려 있는 총 길이 1,280미터의 이 다리를 건설할 때 처음 1년 동안 23명의 사람이 떨어져 죽었습니다. 빠른 물살과 잦은 폭풍과 안개가 작업을 더욱 어렵게 만들었습니다. 그래서 건설 회사는 궁리 끝에 거대한 그물망을 깔아놓았고, 그때부터 떨어져 죽는 사람이 나오지 않았습니다. 그러나 더욱 중요한 것은 공사 진행이 그물망을 쳐놓기 전보다 약 20%나 빨리 진척되었다는 점입니다. 떨어져도 죽지 않는다는 생각이 인부들의 작업 능률을 그만큼 높였기 때문입니다.

생명의 위협 앞에서 움츠러드는 것이 우리의 본성입니다. 이 세상에는 생명을 위협하는 것들이 수없이 많습니다. 이런 위험으로부터 보호받을 수만 있다면 우리의 삶은 훨씬 풍요로워질 것입니다. 오늘 우리에게 이런 놀라운 축복을 약속하는 분이 있습니다. 여호와 하나님이십니다. 누구든지 하나님께로 피하는 자는 어떤 화나 재앙도 이길 수 있습니다. 하나님의 전능하신 손 안에 있기 때문입니다. 우리가 실족하지 않도록 그물망을 쳐서 보호하시는 하나님 안에서 하루를 살아갑시다.

④　관 찰 하 기　————————— 빈 칸을 채워보세요

① 네 □□에 너를 능히 대적할 자가 없으리니 내가 □□와 함께 있었던 것 같이 □□ □□ 있을 것임이니라

② □□□ □□□□ 너는 내가 그들의 조상에게 맹세하여 그들에게 주리라 한 □을 이 백성에게 □□□□ 하리라

③ 이 □□□을 네 입에서 떠나지 말게 하며 주야로 그것을 □□하여 그 안에 기록된 대로 다 □□ □□□ 그리하면 네 길이 □□하게 될 것이며 네가 □□하리라

⑤　나 눠 보 기 ────────── 질문에 따라 묵상한 내용을 나눠주세요

① 낯설고 새로운 환경이 나에게 두려움과 떨림이 되었던 순간을 이야기 해보
고, 그것을 어떻게 극복했는지 서로 나눠 봅시다.
② 강하고 담대하게 살아가기 위해서 무엇이 가장 중요한지 오늘 본문에서 가장
크게 부딪혀오는 말씀으로 서로 나누어 봅시다.

모세가 죽고 이제는 여호수아가 모세의 뒤를 이어 이스라엘 백성을 인도하게 되었
습니다. 오늘 본문에서 여호수아는 고민했고, 불안하고, 두렵고, 고독했습니다. 우
리도 마찬가지입니다. 사람이 살아가다 보면 이 불안하게 하는 요소들을 많이 만나
게 됩니다. 우리도 때로는 여호수아처럼 불안감으로 살아갈 때가 많습니다.

하지만, 하나님은 불안한 상황을 보지 말고, 강하고 담대하라고 말씀합니다.
하나님께서 여호수아에게 강하고 담대하라고 말씀하신 것은 오늘을 살아가는
우리에게도 동일하게 하시는 말씀이십니다. 지금 불안감과 끝을 알 수 없는 우울
감에 사로잡혀 있다면 그 근원은 무엇입니까? 하나님께서는 우리에게 함께하여
주신다고 하시며 강하고 담대하라고 말씀하십니다.

여호수아는 강하고 담대하라는 명령을 받았지만 그것을 수반하기 위해서는
가장 먼저 하나님께서 명령하신 율법을 올바로 지켜야 합니다. 또한 하나님의 율
법은 자신의 상황과 환경에 맞춰 지키는 것이 아니라 상황과 환경을 뛰어 넘으며
지켜야 합니다. 세상을 살아가면서 하나님의 율법을 지키는 것은 절대로 쉽지 않
습니다. 그럼에도 하나님을 믿는 백성들은 무엇보다 말씀을 지키기 위해 부단히
노력해야 합니다. 광야에서 구름 기둥과 불 기둥을 따라 움직였던 것처럼 가나안
땅에서도 하나님의 말씀을 따라 가야 합니다.

⑥　기 도 하 기 ────────── 함께 기도합니다

7 축 복 하 기

◆◇ 오늘의 기도 제목과 응답 ━━━━━━━━━━━━━━━━━━━━━━━━━━

◆◇ 오늘의 감사 ━━━━━━━━━━━━━━━━━━━━━━━━━━━━━━━

◆ 참석자

매일가정예배 | 온 가정이 함께 하나님을 만나는 시간 |

여호와께서 이 성을 주셨느니라

1 **찬 양 하 기** ● 주님 약속하신 말씀 위에 서 (찬 546장)

1) 주님 약속하신 말씀 위에서 영원토록 주를 찬송하리라
   소리 높여 주께 영광 돌리며 약속 믿고 굳게 서리라
2) 주님 약속하신 말씀 위에서 세상 염려 내게 엄습할 때에
   용감하게 힘써 싸워 이기며 약속 믿고 굳게 서리라
3) 주님 약속하신 말씀 위에서 영원하신 주의 사랑 힘입고
   성령으로 힘써 싸워 이기며 약속 믿고 굳게 서리라
4) 주님 약속하신 말씀 위에서 성령인도 하는 대로 행하며
   주님 품에 항상 안식 얻으며 약속 믿고 굳게 서리라
후렴) 굳게 서리 영원하신 말씀 위에 굳게 서리
   굳게 서리 그 말씀 위에 굳게 서리라

2 **본 문 읽 기**

여호수아 6:12-21

중심 구절

> 16 일곱 번째에 제사장들이 나팔을 불 때에 여호수아
> 가 백성에게 이르되 외치라 여호와께서 너희에게 이
> 성을 주셨느니라

더 깊이 읽기 ✚ 본문을 빠르게 한 번, 천천히 한 번 묵상합니다.
✚ 마음에 와 닿는 내용·구절·단어는 무엇인가요?

③ 생각하기 —————————— 인도자가 읽어주세요

이스라엘의 사해는 염도가 매우 높아서 인체가 가라앉지 않습니다. 그래서 위험하지 않을 것 같지만, 물에 들어갈 때 지켜야 할 안전수칙이 있습니다. 그것은 절대로 헤엄을 쳐서는 안되는 것입니다. 부력이 높아 가만히 누우면 저절로 몸이 뜨는 안전한 물이지만 물에 빠질까봐 걱정하여 몸에 힘을 주게 되면 몸의 균형을 잃고 허우적 거리게 됩니다. 그러면 바닷물이 눈에 들어가게 되는데 사해 물은 다량의 광물질을 함유하고 있어 눈에 들어가면 몹시 쓰리고 아픕니다. 수영을 한다고 첨벙거리다가는 자신이나 또는 옆에 있는 사람의 눈에 물이 들어가 오히려 해를 입을 수 있습니다. 결국 모든 사람에게 공통된 주의사항은 힘을 빼고 가만히 바닷물에 몸을 맡기고 누워야 한다는 것입니다.

인생에도 안전을 위한 유일한 법칙이 있는데 만물의 창조주이자 구원자이신 하나님께 자신을 맡기는 것입니다.

④ 관찰하기 —————————— 빈 칸을 채워보세요

① □□□ 날 새벽에 그들이 일찍이 일어나서 전과 같은 방식으로 그 성을 □□ 번 도니 그 성을 □□ 번 돌기는 그날뿐이었더라

② 일곱 번째에 □□□들이 나팔을 불 때에 여호수아가 백성에게 이르되 외치라 □□□께서 너희에게 이 □을 주셨느니라

③ 이에 □□은 외치고 제사장들은 □□을 불매 백성이 □□ 소리를 들을 때에 크게 소리 질러 외치니 □□이 무너져 내린지라 백성이 각기 앞으로 나아가 그 □에 들어가서 그 □을 점령하고

174

① 인생은 문제의 연속입니다. 최근 나에게 풀기 어려운 문제가 있었다면 서로 함께 나누어 봅시다.

② 여리고성은 말씀에 순종했을 때 무너져 내렸습니다. 이 중요한 신앙원리를 내 삶에 어떻게 적용할 수 있을지 나누어 봅시다.

1절을 보니까 여리고 성의 문이 단단히 닫혀 있었습니다. 그 성의 성벽은 높고 두꺼웠기에 그 성문을 열고 들어가는 것은 불가능해 보입니다. 여리고성은 가나안의 성읍들 가운데 중간 규모의 성읍이었지만 가장 견고한 성 가운데 하나로, 경사지에 외성과 외성보다 두터운 내성으로 견고하게 되어 있어 정상적인 군사작전으로는 정복할 수 없는 난공불락의 성입니다.

이러한 성을 공략하기 위해 하나님은 정복 작전을 알려주시는데 너무 단순합니다. 그냥 성을 6일 동안 하루에 한 번씩, 7일째 되는 날에는 일곱 번, 도합 13번을 돌라는 명령입니다.

도저히 이해가 되지 않는 비과학적인 전략입니다. 아울러 행군을 할 때는 언약궤를 대열의 중심에 두고, 모든 백성들은 일체 침묵할 것을 지시합니다.

이 같은 명령에는 깊은 의미가 있습니다. 언약궤는 '하나님이 함께 하신다'는 임재의 상징입니다. 즉 전쟁의 중심에 하나님께서 계심을 믿고 나가라는 뜻입니다.

살아가다 보면 우리의 인생 앞에 여리고성과 같은 문제를 맞닥뜨릴 때가 있습니다. 그때에 하나님을 굳게 붙들고 그 말씀을 온전히 신뢰해야 합니다. 말씀대로 끝까지 순종할 때 우리는 반드시 승리하게 될 것입니다.

6 **기 도 하 기** ──────── 함께 기도합니다

7 **축복하기**

●❖ 오늘의 기도 제목과 응답

●❖ 오늘의 감사

◆ 참석자

매일가정예배

| 온 가정이 함께 하나님을 만나는 시간 |

이 산지를 내게 주소서

1 찬 양 하 기

● 십자가 군병들아 (찬 352장)

1) 십자가 군병들아 주 위해 일어나 기 들고 앞서 나가 담대히 싸우라
   주께서 승전하고 영광을 얻도록 그 군대 거느리사 이기게 하시네
2) 십자가 군병들아 주 위해 일어나 그 나팔소리 듣고 곧 나가 싸우라
   수없는 원수 앞에 주 따라갈 때에 주 예수 힘을 주사 강하게 하시네
3) 십자가 군병들아 주 위해 일어나 네 힘이 부족하니 주 권능 믿으라
   복음의 갑주 입고 늘 기도하면서 너 맡은 자리에서 충성을 다하라
4) 십자가 군병들아 주 위해 일어나 이 날에 접전하고 곧 개가 부르라
   승전한 군사들은 영생을 얻으며 영광의 주와 함께 왕 노릇 하리라 아멘

2 본 문 읽 기

여호수아 14:6-12

중심 구절

9 그날에 모세가 맹세하여 이르되 네가 내 하나님 여
호와께 충성하였은즉 네 발로 밟는 땅은 영원히 너와
네 자손의 기업이 되리라 하였나이다

더 깊이 읽기

✚ 본문을 빠르게 한 번, 천천히 한 번 묵상합니다.

✚ 마음에 와 닿는 내용·구절·단어는 무엇인가요?

유대인들의 교육법은 세계적으로 정평이 나있습니다. 특별히 유대인들은 자녀들에게 긍정적 사고와 비전을 강조합니다. 그들의 역사 속에 긍정적인 태도를 갖고 살던 믿음의 인물들의 형통을 경험했기 때문입니다. 그중에 대표적인 인물로 소년 다윗이 거인 골리앗을 처음으로 맞닥뜨렸을 때의 이야기를 자주 들려준다고 합니다.

"사람들은 한결같이 골리앗을 보고 '와! 저렇게 거대한 자를 어떻게 죽일 수 있을까?'하고 무서워했단다. 그런데 그 현장에 있던 다윗은 생각이 달랐어. 다윗은 그 큰 골리앗을 보고는 '와! 저렇게 크니까 절대로 빗맞을 일은 없겠다'라고 생각했단다."

이 이야기는 우리에게도 정말 중요합니다. 똑같은 상황인데 부정적인 생각을 할 수도 있고 긍정적인 생각을 할 수도 있습니다. 그런데 부정적인 생각은 대부분 일어나지 않은 일에 대한 겁으로부터 시작합니다. 이런 부정적 생각에는 승리의 확률이 현저히 떨어집니다. 도전을 시도하지 않기 때문입니다. 그러니 하나님은 긍정적인 사람에게 더 많이 역사하실 수밖에 없습니다. 왜냐하면 부정적인 생각은 하나님의 은총을 제한해버리지만 긍정적인 생각은 하나님의 은총을 불러오기 때문입니다.

① 내 나이 □□ 세에 여호와의 종 모세가 가데스 바네아에서 나를 보내어 이 땅을 정탐하게 하였으므로 내가 □□□ 마음으로 그에게 보고하였고

② 그 날에 모세가 □□하여 이르되 네가 내 하나님 여호와께 □□하였은즉 네 발로 밟는 땅은 영원히 너와 네 자손의 □□이 되리라 하였나이다

③ 그 날에 여호와께서 말씀하신 □ □□를 지금 내게 주소서 당신도 그 날에 들으셨거니와 그 곳에는 □□ 사람이 있고 그 성읍들은 크고 □□할지라도 여호와께서 나와 함께 하시면 내가 여호와께서 □□하신 대로 그들을 쫓아 내리이다 하니

① 내가 지레 겁먹었던 상황을 생각해보고 실제는 어떠했는지 나누어 봅시다.
② 갈렙처럼 믿음으로 긍정적인 사람이 되기 위해, 지금 내 삶에서 어떤 결단이
　 필요할지 생각해봅시다.

이스라엘의 가나안 땅 정복은 우상을 제거하고 온 땅의 구주이신 하나님의 영광
을 드러내는 '거룩한 전쟁'이었습니다. 이스라엘은 먼저 '말씀'으로 땅을 약속받은
후에 거점들을 정복하는 과정 속에서 하나님의 신실하심을 경험할 것이라고 '믿
음 어음'을 사용해야 했습니다.

　과연 장대한 가나안 족속들 앞에서 하나님의 약속이 성취될지 아무것도 장담
할 수 없을 때, 도리어 85세의 노익장 갈렙이 약속을 유업으로 성취할 것을 믿으
며 땅을 분배해달라고 요청하였습니다. 그는 45년전 청년 시절에 헤브론 산지의
분배를 약속받고 언젠가 그 땅을 기업으로 삼을 날을 기다려온 것입니다. 그런데
그의 나이가 85세입니다. 앉고 서는 것도 홀로 힘으로 하기 벅찬 나이지만, 그의
믿음은 올곧고, 기골이 장대한 청년보다 더욱 강력합니다.

　이렇게 갈렙이 긍정의 사람이 될 수 있었던 것은 그가 참된 믿음의 사람이었
기 때문입니다. 그는 하나님께 충성하였고, 하나님의 말씀대로 행하였으며, 하나
님이 말씀하시면 그대로 되리라고 믿는 사람입니다. 믿음의 사람은 반드시 긍정
의 태도를 지닙니다. 한 번 밖에 없는 귀한 인생인데, 이제부터 참된 믿음으로 오
직 긍정의 삶을 꼭 살아가시기 바랍니다.

6　　**기 도 하 기** ───────────── 함께 기도합니다

7 축 복 하 기

눈을 들어 산을 보니

A. A. Pieters 작사, Traditional American Melody

1.눈을 들어 산을 보니 도움 어디서오 나 천지 지은주 하 나님나를 도와주시 네
2.도우 시는하나 님이 네게 그늘되시 니 낮의 해와밤의 달이 너를 상치않겠 네

나의 발이실족 않게 주가 깨어지키며 택한백성항상지켜길이보호하시네
네게 화를주지 않 고혼을 보호하시며 너의출입지금부터영영인도하시리 아멘

Public Domain

● 오늘의 기도 제목과 응답

● 오늘의 감사

◆ 참석자

매일가정예배

| 온 가정이 함께 하나님을 만나는 시간 |

오직 나와 내 집은 여호와를 섬기겠노라

❶ 찬 양 하 기

● 누가 주를 따라 (찬 459장)

1) 누가 주를 따라 섬기려는가 누가 죄를 떠나 주만 따를까
   누가 주를 섬겨 남을 구할까 누가 주의 뒤를 따라 가려나
   부르심을 받아 주의 은혜로 주를 따라 가네 주만 따르네
2) 세상 영광 위해 따름 아니요 크신 사랑 인해 주만 따르고
   주가 내려주신 은혜 힘입어 주의 뒤를 따라 힘써 일하네
   부르심을 받아 주의 은혜로 주를 따라 가네 주만 따르네
3) 환난 핍박 많고 원수 강하나 주의 용사 더욱 힘이 강하니
   누가 능히 이겨 넘어뜨리랴 변함없는 진리 승리하리라
   기쁜 찬송하며 주의 은혜로 주를 따라 가네 주만 따르네

❷ 본 문 읽 기

여호수아 24:14-18

중심 구절

15 …너희가 섬길 자를 오늘 택하라 오직 나와 내 집
은 여호와를 섬기겠노라 하니

더 깊이 읽기

✚ 본문을 빠르게 한 번, 천천히 한 번 묵상합니다.
✚ 마음에 와 닿는 내용·구절·단어는 무엇인가요?

③ 생 각 하 기 ──────────── 인도자가 읽어주세요

명문 펜실베이니아 대학 건축학과를 졸업한 하형록 회장의 일화입니다. 1991년 가을, 그가 뉴욕으로 가던 도중 도로 위에서 갑자기 쓰러졌는데, 심장이 비정상적으로 빠르게 뛰다 호흡곤란으로 쓰러지는 심실빈맥증이었습니다. 2년 뒤, 간절한 마음으로 심장 이식을 기다리다 드디어 그에게 적합한 심장이 왔다는 소식에 한걸음에 병원에 갔습니다. 그러다 우연히 옆방에 교통사고를 당해 들어온 여인이 심장을 기부 받지 못하면 1시간 만에 죽을 것이라는 사정을 알게 되었습니다. 그는 잠시의 고민 끝에 심장을 죽어가는 여인에게 양보하였습니다. 이미 죽었을지 모를 자신의 삶을 하나님의 은혜로 보너스처럼 살아왔다는 믿음에서였습니다.

그런데 감사히도 한 달 뒤 그 또한 새로운 심장을 이식 받고 건강히 퇴원하였고, 어려운 순간에도 하나님의 뜻을 선택하였던 이 경험을 바탕으로 팀하스 TimHaahs라는 회사를 세웠습니다.

그는 '우리는 어려운 이들을 돕기 위해 존재한다'는 사훈을 따라 성경과 믿음에 기초한 사업을 하고 있습니다. 이 회사는 미국 젊은이들이 가장 일하고 싶어 하는 회사 중 하나로 성장하였습니다.

④ 관 찰 하 기 ──────────── 빈 칸을 채워보세요

① 그러므로 이제는 여호와를 □□하며 □□□과 □□□으로 그를 섬기라 너희의 조상들이 강 저쪽과 □□에서 섬기던 신들을 치워 버리고 여호와만 □□□

② 만일 □□□를 섬기는 것이 너희에게 □□ □□ 보이거든 너희 조상들이 □ 저쪽에서 섬기던 신들이든지 또는 너희가 거주하는 땅에 있는 □□□ 족속의 신들이든지 너희가 섬길 자를 오늘 □□□ 오직 □와 □ □은 여호와를 섬기겠노라 하니

③ 여호와께서 또 모든 백성들과 이 땅에 거주하던 □□□ 족속을 우리 앞에서 □□□□□이라 그러므로 우리도 여호와를 섬기리니 그는 우리 □□□이심이니이다 하니라

① 하나님의 뜻과 내 뜻이 부딪혀서 갈등했던 경험이 있다면 나누어 봅시다.
② 오직 나와 내 집은 여호와를 섬기겠다는 여호수아의 결단은 오늘 우리 가정
   에게 무엇을 촉구하고 있는지 나누어 봅시다.

이스라엘 백성은 하나님의 은혜로 여호수아의 지도 아래 가나안의 중부지역, 남부지역, 북부지역의 거점을 점령하였고, 땅 분배까지 모두 마쳤습니다. 땅을 분배하는 것은 구속사적 의미를 지니고 있는데, 이는 하나님께서 아브라함과 이삭과 야곱에게 주리라 약속하신 땅을 얻은 것으로, 하나님께서 그들에게 약속하신 언약이 성취된 것을 의미하는 것입니다.

이처럼 중요한 땅의 분배를 모두 마치고 여호수아는 백성들에게 유언과 같은 고별설교를 하였습니다. 그는 과거 하나님께서 그들을 위해 친히 싸워주심으로 땅을 차지한 것을 돌아보면서 절대로 하나님의 은혜를 잊지 말 것을 당부하였고, 더불어 가나안 땅에서 이방인과 혼인하지 말고 우상숭배를 멀리하며 오직 여호와 신앙으로 살아갈 것을 당부하였습니다. 여호수아는 계약 갱신을 통하여 바로 지금 여기에서 새롭게 결단하여 오직 하나님만 섬길 것을 촉구하였습니다.

우리의 삶에도 끊임없이 선택의 순간이 찾아올 것입니다. 그럴 때마다 세상을 선택하지 아니하고 하나님을 선택하며, 날마다 하나님 앞에 순종함으로 하나님의 백성으로 온전히 승리하는 삶을 살아가시기를 바랍니다.

눈을 들어 산을 보니

A. A. Pieters 작사, Traditional American Melody

1.눈을 들어 산을 보니 도움 어디서 오 나 천지 지은 주 하나님 나를 도와주시 네
2.도우 시는 하나 님이 네게 그늘 되시 니 낮의 해와 밤의 달이 너를 상치 않겠 네

나의 발이 실족 않 게 주가 깨어 지키며 택한 백성 항상 지켜 길이 보호하시네
네게 화를 주지 않 고 혼을 보호하시며 너의 출입 지금부터 영영인도하시리 아멘

Public Domain

●◆ 오늘의 기도 제목과 응답

●◆ 오늘의 감사

◆ 참석자

매일가정예배 | 온 가정이 함께 하나님을 만나는 시간 |

다른 세대는 여호와를 알지 못하였더라

① 찬 양 하 기

● 주는 나를 기르시는 목자 (찬 570장)

1) 주는 나를 기르시는 목자요 나는 주님의 귀한 어린 양
　 푸른 풀밭 맑은 시냇 물가로 나를 늘 인도하여 주신다
2) 예쁜 새들 노래하는 아침과 노을 비끼는 고운 황혼에
　 사랑하는 나의 목자 음성이 나를 언제나 불러주신다
3) 못된 짐승 나를 해치 못하고 거친 비바람 상치 못하리
　 나의 주님 강한 손을 펼치사 나를 주야로 지켜주신다
후렴) 주는 나의 좋은 목자 나는 그의 어린 양
　 철을 따라 꼴을 먹여주시니 내게 부족함 전혀 없어라 아멘

② 본 문 읽 기

사사기 2:6-15

중심 구절

> 10 그 세대의 사람도 다 그 조상들에게로 돌아갔고 그 후에 일어난 다른 세대는 여호와를 알지 못하며 여호와께서 이스라엘을 위하여 행하신 일도 알지 못하였더라

더 깊이 읽기

✚ 본문을 빠르게 한 번, 천천히 한 번 묵상합니다.
✚ 마음에 와 닿는 내용·구절·단어는 무엇인가요?

❸ 생 각 하 기 ──────── 인도자가 읽어주세요

미국의 역대 대통령들 중에 가장 존경 받는 이는 아무래도 '아브라함 링컨'입니다. 그가 인기를 끌었던 이유는 여러 가지 있겠지만, 특별히 술과 담배를 가까이 하지 않고 신앙의 모범을 지키며 살아가던 모습이 많은 이들에게 귀감이 되었기 때문입니다.

링컨의 이야기에 빠지지 않고 등장하는 분이 어머니입니다. 어머니는 일찍 세상을 떠나면서도 "평생 정직하고 바르게 살아야 한다. 비록 너에게 재산은 한 푼도 물려주지 못했지만, 더 큰 신념과 신앙을 물려주었기에 엄마는 기쁘게 눈을 감을 수 있다."라는 유언을 남겼습니다. 대통령이 된 후에도 링컨은 어머니의 신앙을 유산으로 삼으며 자신을 지켜왔고, 자신의 업적은 모두 어머니의 가르침 덕분이라고 공을 돌렸습니다.

신앙은 교회에서만 배우는 것이 아닙니다. 자녀와 가장 가까이, 많은 시간을 몸으로 교육하는 부모의 말과 행동 속에 전승됩니다. 가문 대대로 가장 귀한 유산을 전수하고자 한다면, 믿은바대로 살아가는 믿음의 재산을 자녀들에게 보여 주십시오. 반드시 하나님께서 유산의 결실을 맺게 하실 것입니다.

❹ 관 찰 하 기 ──────── 빈 칸을 채워보세요

① 백성이 □□□□가 □□ □ 동안과 여호수아 뒤에 생존한 장로들 곧 여호와께서 이스라엘을 위하여 행하신 □□ □□을 본 자들이 사는 날 동안에 □□□를 섬겼더라

② 그 세대의 사람도 다 그 조상들에게로 돌아갔고 그 후에 일어난 □□ □□는 여호와를 □□ □□□ 여호와께서 이스라엘을 위하여 □□□ □도 알지 못하였더라

③ 여호와께서 이스라엘에게 □□하사 □□하는 자의 손에 넘겨 주사 그들이 노략을 당하게 하시며 또 주위에 있는 모든 □□의 □에 □□ □□□□ 그들이 다시는 대적을 당하지 못하였으며

① 부모님의 모습 중 나에게 가장 큰 유산이 된 것은 무엇인지 나누어 봅시다.
② 가족들과 함께 가정예배를 드리면서 경험하게 된 특별한 은혜나 감사의 내용이 있다면 나누어 봅시다.

사사기는 혼돈의 역사를 기록한 책입니다. 하나님이 왕이 되셔야 할 이스라엘 공동체는 중심이 무너져내렸고, 여호수아가 죽은 후에 백성들은 개인의 신앙도 다 상실해 버렸고, 이로 인해 신앙의 대잇기에 실패했습니다.

출애굽 1세대와 2세대가 교체되던 40년 역사를 통해 혹독히 배웠던 신앙은 다시금 실패를 경험하고 있습니다. 신앙의 전승을 이루었더라면 '다음 세대'가 되었을 터인데, 그들은 '다른 세대'가 되고 말았고, 무엇이 옳고 그른 신앙인지 분별하는 기준이 없어서 하나님께서 금하신 우상들 곧 바알과 아스다롯을 섬겼습니다. 그 결과 하나님께서는 진노하셨고 이스라엘 백성들을 대적들의 손에 넘기셔서 노략을 당하게 하셨습니다.

이렇게 350년간 지속된 영적 암흑기가 기록된 사사기에는 네 가지 장면이 순환되는 역사를 보여줍니다. 믿음을 배신하고 타락함 → 타락한 백성들의 징계 → 하나님 앞에 돌이켜 회개함 → 하나님께서 들으시고 사사를 보내어 구원하심. 하나님의 오래참음 속에서도 이런 악순환이 12번이나 반복되었습니다. 이러한 교훈을 통해 우리는 하나님을 떠나면 죽을 수밖에 없다는 것을 분명히 기억해야 합니다.

우리의 미래 세대가 하나님만 섬기며 믿음의 유업을 잇는 자녀로 자라갈 수 있도록 먼저는 가정예배 잘 드리시고, 그래서 하나님의 약속을 누리는 가정이 되시기 바랍니다.

⑥ 기 도 하 기 ───────── 함께 기도합니다

7 **축 복 하 기**

눈을 들어 산을 보니

A. A. Pieters 작사, Traditional American Melody

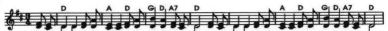

1. 눈을 들어 산을 보니 도움 어디서오 나 천지 지은주 하나님 나를 도와주시 네
2. 도우 시는하나 님이 네게 그늘되시 니 낮의 해와 밤의 달이 너를 상치않겠 네

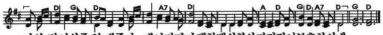

나의 발이 실족 않게 주가 깨어 지키 며 택한 백성 항상 지켜 길이 보호하시네
네게 화를 주지 않고 혼을 보호하시 며 너의 출입 지금부터 영영 인도하시리 아멘

Public Domain

●◆ 오늘의 기도 제목과 응답

●◆ 오늘의 감사 〜〜〜〜〜〜〜〜〜〜〜〜〜〜〜〜〜〜〜〜〜〜〜〜〜

◆ 참석자

매일가정예배
| 온 가정이 함께 하나님을 만나는 시간 |

삼백 명으로 너희를 구원하리라

① 찬 양 하 기
● 구주 예수 의지함이 (찬 542장)

1) 구주 예수 의지함이 심히 기쁜 일일세
   영생 허락 받았으니 의심 아주 없도다
2) 구주 예수 의지함이 심히 기쁜 일일세
   주를 믿는 나의 마음 그의 피에 적시네
3) 구주 예수 의지하여 죄악 벗어 버리네
   안위받고 영생함을 주께 모두 얻었네
4) 구주 예수 의지하여 구원 함을 얻었네
   영원무궁 지나도록 주여 함께 하소서
후렴) 예수 예수 믿는 것은 받은 증거 많도다
   예수 예수 귀한 예수 믿음 더욱 주소서 아멘

② 본 문 읽 기

사사기 7:1-8

중심 구절

> 7 여호와께서 기드온에게 이르시되 내가 이 물을 핥아 먹은 삼백 명으로 너희를 구원하며 미디안을 네 손에 넘겨 주리니 남은 백성은 각각 자기의 처소로 돌아갈 것이니라 하시니

더 깊이 읽기

✚ 본문을 빠르게 한 번, 천천히 한 번 묵상합니다.
✚ 마음에 와 닿는 내용·구절·단어는 무엇인가요?

③ 생 각 하 기

1967년에 일어난 제3차 중동전쟁은 '6일 전쟁'으로 유명합니다. 이스라엘과 주변 아랍국가(이집트, 요르단, 시리아, 레바논)와의 전쟁이었습니다. 당시 이스라엘의 국방장관 '모세 다얀'은 전 세계를 향해 "지금 이스라엘 군대는 막강한 신무기로 무장하였다. 우리는 이 무기 때문에 반드시 이길 것이다"라는 성명을 발표했습니다. 그리고 이어 말하기를 "구원은 여호와께 있사오니 주의 복을 주의 백성에게 내리소서(시 3:8). 우리가 가지고 있는 강력한 무기는 하나님을 향한 믿음이다"라고 선포했습니다.

이스라엘의 전쟁은 놀라웠습니다. 연합군 중 최대 전력을 자랑하던 이집트 공군에 대해 주요 기지들을 기습 폭격하였고, 이집트 공군은 450여 대의 항공기 중 300여 대를 상실하며 제공권을 빼앗겼습니다. 이스라엘은 최종적으로 자국 영토의 3배에 달하는 영토를 점령하는, 전설 같은 승리를 이루었습니다.

'6일 전쟁'의 기적은 우리에게 전쟁의 승리가 오직 하나님께 달려 있음을 여실히 보여줍니다. 우리의 믿음은 여전히 전쟁 중입니다. 하나님이 내 편에 계신 것이 아니라, 우리가 하나님 편에 서는 것부터 전쟁의 시작입니다. 우리의 믿음 위에 분별의 복이 더해져 하나님과 동행하며 형통의 걸음이 되길 기도합니다.

④ 관 찰 하 기

① 여호와께서 또 기드온에게 이르시되 □□이 아직도 □□□ 그들을 인도하여 물 가로 내려가라 거기서 내가 너를 위하여 그들을 □□하리라

② 여호와께서 기드온에게 이르시되 내가 이 물을 핥아 먹은 □□ □으로 너희를 □□하며 미디안을 네 손에 넘겨 주리니

③ 이에 백성이 □□과 □□을 손에 든지라 기드온이 이스라엘 모든 백성을 각각 그의 장막으로 돌려보내고 그 □□ □은 머물게 하니라

⑤ 나 눠 보 기 ———————— 질문에 따라 묵상한 내용을 나눠주세요

① 이스라엘의 6일 전쟁에 대해 어떤 생각이 드는지 나누어 봅시다.
② 기드온이 이길 수 없는 전쟁에서 승리한 비결을 생각해보고 나누어 봅시다.

여호수아 세대가 죽고 난 후에 이스라엘 백성들은 믿음을 승계받지 못하고 왕되신 하나님의 통치를 놓치는 혼란스런 정국을 맞았습니다. 이러한 영적 암흑시대는 350년간이나 이어진 사사시대입니다.

사사시대에는 타락, 징계, 회개, 구원이라는 네 가지 패턴이 쉼없이 반복되는데도 불구하고 하나님은 때마다 사사를 세우시고 구원하셨습니다. 그중에 사사 기드온은 미디안의 압제에 당하는 고통이 길어지고 있을 때(7년) 하나님의 부르심을 받았습니다.

13만 5천 명이나 되는 대군인 미디안 군대를 대항하기 위해선 더 많은 숫자, 더 강력한 군력이 필요한 상황임에도, 뜻밖에 하나님께선 전쟁하기 위해 모인 이스라엘 군대의 숫자가 너무 많다며 두려워 떠는 사람은 돌려보내라고 하셨습니다. 심지어는 그렇게 해서 남은 군사들을 물가로 데려가 마시게 하며, 그 과정 중에 입으로 핥아 먹는 사람 300명만을 전쟁에 참여시키라고 하셨습니다. 이는 여전히 그리고 당연하게도 전쟁의 승리는 오직 하나님께 달려 있음을 다시금 가르치시려는 믿음의 교육이었습니다.

하나님의 말씀에 순종한 기드온과 300용사들은 하나님의 명령을 따라 세 진영으로 나누어 항아리를 깨트려 횃불을 비추고 나팔을 불어 외쳤습니다. 예측 못한 공격에 당황한 미디안 군대는 혼비백산하였고, 이스라엘은 하나님의 방법으로 승리할 수 있었습니다.

⑥ 기 도 하 기 ———————— 함께 기도합니다

눈을 들어 산을 보니

A. A. Pieters 작사, Traditional American Melody

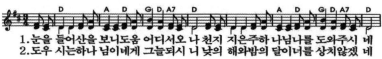

1.눈을 들어 산을 보니 도움 어디서오 나 천지 지은주 하 나님 나를 도와주시 네
2.도우 시는 하나 님이 네게 그늘되 시 니 낮의 해와밤의 달이 너를 상치않겠 네

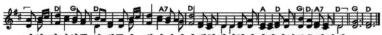

나의 발이실족 않 게주가 깨어지키며 택한백성항상지켜길이보호하시네
네게 화를주지 않 고혼을 보호하시며 너의출입지금부터영영인도하시리 아멘

Public Domain

●◆ 오늘의 기도 제목과 응답

●◆ 오늘의 감사

◆ 참석자

매일가정예배 | 온 가정이 함께 하나님을 만나는 시간 |

나의 하나님이 되시리라

1 찬 양 하 기

● 주 안에 있는 나에게 (찬 370장)

1) 주 안에 있는 나에게 딴 근심 있으랴
   십자가 밑에 나아가 내 짐을 풀었네
2) 그 두려움이 변하여 내 기도되었고
   전날의 한숨 변하여 내 노래되었네
3) 내 주는 자비하셔서 늘 함께 계시고
   내 궁핍함을 아시고 늘 채워 주시네
4) 내 주와 맺은 언약은 영불변하시니
   그 나라 가기까지는 늘 보호하시네
후렴) 주님을 찬송하면서 할렐루야 할렐루야
   내 앞길 멀고 험해도 나 주님만 따라가리

2 본 문 읽 기

룻기 1:15-18

중심 구절

16 … 어머니의 백성이 나의 백성이 되고 어머니의 하나님이 나의 하나님이 되시리니

더 깊이 읽기

✚ 본문을 빠르게 한 번, 천천히 한 번 묵상합니다.

✚ 마음에 와 닿는 내용·구절·단어는 무엇인가요?

생 각 하 기   ──────── 인도자가 읽어주세요

인간이 살아가는 것은 '선택의 연속'이라고 말할 수 있습니다. 철학자 키에르케고르는 인생의 선택은 '이것이냐 저것이냐'라고 표현하였고, 셰익스피어도 '사느냐 죽느냐, 그것이 문제로다'라고 말하였습니다. 이렇게 우리는 끊임없이 선택하며 살아갈 수밖에 없습니다. 찰스 카우만 Charles Elmer Cowman 은 이런 말을 하였습니다. "우리는 동시에 동서로 여행할 수 없으며, 같은 순간에 북극 지역과 열대 지역 모두에 알맞은 옷을 입을 수 없습니다. 우리는 선택이라는 결단을 내려야 하며, 이것이든 저것이든 하나를 잊어야 합니다. 우리는 동시에 신사와 천박한 자가 될 수 없습니다. 우리는 동시에 순수하거나 순수하지 않을 수 없습니다. 또한 수평으로 움직임과 동시에 수직으로 움직이는 것은 불가능합니다. 마찬가지로 세상적인 것과 친밀하게 지내면서 동시에 주님과 교제할 수는 없는 것입니다. 우리는 세상적인 것과 주님을 함께 섬길 수는 없습니다. 그것은 마치 두 마리의 토끼를 좇으려고 하다가 한 마리도 잡지 못하는 꼴이 되고 마는 것입니다."

우리가 어떤 선택을 하느냐에 따라서 10년 아니 어쩌면 영원한 생명이 결정될 수 있습니다. 그러므로 인생에서 '선택'은 대단히 중요합니다. 우리의 시선을 온전히 하나님께 고정하고 오직 믿음으로 선택하며 살아갈 때, 우리는 마침내 영원한 본향에 다다르게 될 것입니다.

4

관 찰 하 기   ──────── 빈 칸을 채워보세요

① □□□가 또 이르되 보라 네 □□는 그의 □□과 그의 □□에게로 돌아가나니 너도 너의 □□를 따라 □□□□ 하니

② 룻이 이르되 내게 어머니를 □□□ 어머니를 따르지 말고 □□□□ 강권하지 마옵소서 어머니께서 □□□ □에 나도 □□ 어머니께서 □□□□ □에서 나도 머물겠나이다 어머니의 □□이 나의 □□이 되고 어머니의 □□□이 나의 □□□이 되시리니

③ 나오미가 룻이 자기와 □□ 가기로 굳게 □□□을 보고 그에게 □□□를 그치니라

⑤ 나 눠 보 기 ───────── 질문에 따라 묵상한 내용을 나눠주세요

① 우리의 삶 속에서 '믿음의 선택'을 하려고 할 때 어떤 점이 가장 힘들었는지
　나누어보고, 서로 격려의 말을 해줍시다.
② 우리의 삶 속에서 '사랑의 선택'을 하려고 할 때 어떤 점이 잘 되지 않았는지
　나누어보고, 서로 힘을 북돋아 줍시다.

엘리멜렉과 나오미는 유대 땅 베들레헴에 닥친 큰 흉년을 피해 모압 땅으로 이주
하였습니다. 그런데 어느 날 엘리멜렉이 갑자기 죽게 되었고, 나오미는 어려운
중에서도 두 아들을 잘 양육하여 모압여인과 결혼까지 시켰습니다. 하지만 10여
년이 지났을 때에 두 아들 말론과 기룐 마저 죽고 말았고, 남겨진 세 여인의 상실
감은 이루 말로 다할 수가 없었습니다.

　유대 땅 베들레헴에 기근이 그쳤다는 소식을 듣고 나오미는 고향으로 돌아가
려 하였습니다. 이때 두 며느리가 함께 따라가겠다고 하였지만 나오미는 그들에
게 고향으로 돌아가라고 강권하였고, 이때 작은 며느리 오르바는 고향으로 돌아
갔지만, 큰 며느리 룻은 끝까지 나오미를 따랐습니다. 이것은 룻이 참 아름다운
믿음의 선택을 잘 감당한 것을 보여주고 있습니다.

　시어머니를 좇아 베들레헴에서 살게 된 룻은 나오미를 공양하기 위해 사랑의
마음으로 성실하게 이삭을 줍고, 사람들에게 현숙한 여인으로 인정받는 등 룻은
삶 속에서 사랑의 선택도 잘 감당하는 여인이었습니다.

　하나님은 이렇게 믿음의 선택, 사랑의 선택을 잘 감당한 룻을 섭리 중에 보아
스를 만나게 하시고, 그와 결혼하게 하심으로 메시아 가문의 족보에 오르는 크신
복을 내려주셨습니다. 사사시대 캄캄한 이스라엘의 암흑기 속에서 룻은 한 줄기
빛과 같이 참 아름다운 삶의 모습을 보여주고 있습니다.

⑥ 기 도 하 기 ───────── 함께 기도합니다

7 축 복 하 기

눈을 들어 산을 보니

A. A. Pieters 작사, Traditional American Melody

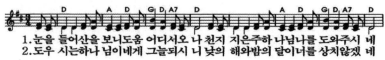

1. 눈을 들어 산을 보니 도움 어디서오 나 천지 지은주 하 나님나를 도와주시 네
2. 도우 시는하나 님이 네게 그늘되시 니 낮의 해와밤의 달이너를 상치않겠 네

나의 발이실족 않게주가 깨어지키며 택한백성항상지켜길이보호하시네
네게 화를주지 않고혼을 보호하시며 너의출입지금부터영영인도하시리 아멘

Public Domain

●◆ 오늘의 기도 제목과 응답

●◆ 오늘의 감사

◆ 참석자

매일가정예배 | 온 가정이 함께 하나님을 만나는 시간 |

주의 종이 듣겠나이다

① 찬 양 하 기 ● 달고 오묘한 그 말씀 (찬 200장)

1) 달고 오묘한 그 말씀 생명의 말씀은 귀한 그 말씀 진실로
   생명의 말씀이 나의 길과 믿음 밝히 보여주니
2) 귀한 주님의 말씀은 내 노래 되도다 모든 사람을 살리는
   생명의 말씀을 값도 없이 받아 생명 길을 가니
3) 널리 울리어 퍼지는 생명의 말씀은 맘에 용서와 평안을
   골고루 주나니 다만 예수 말씀 듣고 복을 받네
후렴) 아름답고 귀한 말씀 생명샘이로다 아름답고 귀한 말씀
   생명샘이로다 아멘

② 본 문 읽 기

사무엘상 3:1-9

중심 구절

> 9 엘리가 사무엘에게 이르되 가서 누웠다가 그가 너를 부르시거든 네가 말하기를 여호와여 말씀하옵소서 주의 종이 듣겠나이다 하라 하니 이에 사무엘이 가서 자기 처소에 누우니라

더 깊이 읽기

✚ 본문을 빠르게 한 번, 천천히 한 번 묵상합니다.

✚ 마음에 와 닿는 내용·구절·단어는 무엇인가요?

미국의 '찰리'라는 코끼리 조련사는 '니타'라는 코끼리를 오랫동안 훈련시키며 동물원에서 공연을 하였습니다. 시간이 흘러 찰리와 니타 둘 다 은퇴하게 되자 니타는 샌디에고 동물원으로 보내졌습니다. 그 둘은 그렇게 헤어진 후 15년 동안이나 서로를 만나지 못하였습니다.

그 사연을 들은 휴엘 하우저라는 TV프로그램 진행자는 찰리를 데리고 샌디에고 동물원으로 니타를 찾아갔습니다. 찰리는 열 마리의 코끼리들 중에서 니타를 금세 알아보았습니다. 찰리가 먼 거리에 서서 "니타, 귀여운 녀석, 이리 와봐!"라고 말하자 엄청난 덩치의 코끼리 한 마리가 방향을 틀더니 찰리에게로 뛰어갔습니다. 찰리는 니타에게로 다가가서 쓰다듬었고, 니타는 긴 코를 찰리의 볼에 비벼댔습니다. 찰리도 울었고 진행자인 휴엘도 울었고 수많은 시청자들이 함께 울었습니다.

그런데 바로 그때 놀라운 일이 벌어졌습니다. 찰리가 니타와 함께 그 옛날 함께했던 공연을 재연하는 것이었습니다. 15년 동안이나 서로 보지 못했음에도 불구하고, 마치 한 번도 헤어진 적이 없었던 것처럼 그 공연을 재연하였던 것입니다.

늙은 코끼리도 그와 동고동락했던 주인의 음성을 알아들었습니다. 하물며 우리가 주님의 음성을 듣지 못한다면 말이 안 됩니다. "내 양은 내 음성을 안다"라고 말씀하신 주님의 말씀처럼 우리는 하나님의 음성을 잘 듣고 그 음성에 반응하며 살아가야 하는 것입니다.

4 　 관 찰 하 기 　　　　　━━━━━━━━━ 빈 칸을 채워보세요

① 아이 □□□이 엘리 앞에서 여호와를 섬길 때에는 여호와의 말씀이 □□하여 □□이 흔히 보이지 않았더라

② 하나님의 □□은 아직 꺼지지 아니하였으며 사무엘은 하나님의 □□ 있는 □□□의 □ 안에 누웠더니

③ 엘리가 사무엘에게 이르되 가서 □□□□ 그가 너를 부르시거든 네가 말하기를 여호와여 □□□□□□ 주의 종이 □□□□□□ 하라 하니 이에 사무엘이 가서 자기 □□에 누우니라

① 잘 듣지 못해서 어려움을 겪었던 경험이 있으면 떠올려 보고, 생활 속에서 잘 듣는 것이 얼마나 중요한지 서로 나누어봅시다.

② 사무엘은 '들음의 사람'이었는데 그가 하나님 앞에서 보여준 들음의 자세가 어떠하였는지 찾아보고 그 교훈을 서로 나누어봅시다.

사사시대 말기는 국가적으로도 혼란스러웠고 도덕과 윤리도 땅에 떨어진 시대였습니다. 교육적으로도 문제가 많았고 영적으로도 암울하였습니다. 이런 혼탁한 시대를 마감하고 새 역사를 시작하기 위하여 하나님은 한 인물을 선택하셨는데 그가 바로 사무엘입니다. 그런데 사무엘이 하나님께 쓰임 받게 된 가장 중요한 이유는 사무엘이 '들음의 사람'이었기 때문입니다.

사무엘이 12살쯤 되어 여호와의 전에서 하나님을 섬기고 있었을 때 하나님께서 사무엘을 부르셨습니다. 사무엘은 엘리 제사장이 부르는 줄 알고 그에게로 갔지만 엘리는 부르지 않았다고 하였습니다. 이런 일이 세 번째 반복되자 엘리는 하나님께서 사무엘을 부르시는 줄을 깨닫고 사무엘에게 응답하라고 일러주었습니다. 마침내 하나님께서 사무엘을 다시 부르셨을 때에 사무엘은 "말씀하옵소서. 주의 종이 듣겠나이다"라고 응답하였습니다.

이렇게 사무엘이 하나님의 음성을 듣고 하나님 앞에 섰을 때 하나님은 엘리 제사장의 집과 이스라엘 민족에게 일어날 일들에 대해 사무엘에게 다 알려주셨습니다. 신앙은 들음의 사건이며 들음은 곧 순종입니다. 하나님은 우리의 간구를 들으시는 분이신데, 어느 때는 우리가 하나님의 음성을 들어야 합니다. 그러므로 우리의 소리를 들으시는 하나님께 간구하여 응답받고, 또 하나님께서 말씀하실 때에 잘 듣는 믿음의 사람이 되어야 합니다.

6 **기도하기** ───────── 함께 기도합니다

7 **축 복 하 기**

눈을 들어 산을 보니

A. A. Pieters 작사, Traditional American Melody

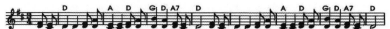

1.눈을 들어산을 보니도움 어디서오 나 천지 지은주하 나님나를 도와주시 네
2.도우 시는하나 님이네게 그늘되시 니 낮의 해와밤의 달이너를 상치않겠 네

나의 발이실족 않게주가 깨어지키며 택한백성항상지켜길이보호하시네
네게 화를주지 않 고혼을 보호하시며 너의출입지금부터영영인도하시리 아멘

●◆ 오늘의 기도 제목과 응답

●◆ 오늘의 감사 ～～～～～～～～～～～～～～～～～～～～～～

◆ 참석자

매일가정예배 | 온 가정이 함께 하나님을 만나는 시간 |

벧세메스 길로 바로 행하니라

1 **찬 양 하 기**　　　　　　　　　　　　● 나의 생명 드리니 (찬 213장)

1) 나의 생명 드리니 주여 받아주셔서
　　세상 살아갈 동안 찬송하게 하소서
2) 손과 발을 드리니 주여 받아주셔서
　　주의 일을 위하여 민첩하게 하소서
3) 나의 음성 드리니 주여 받아주셔서
　　주의 진리 말씀만 전파하게 하소서
4) 나의 보화 드리니 주여 받아주셔서
　　하늘나라 위하여 주 뜻대로 쓰소서
5) 나의 시간 드리니 주여 받아주셔서
　　평생토록 주 위해 봉사하게 하소서 아멘

2 **본 문 읽 기**

사무엘상 6:10-16

중심 구절

> 12 암소가 벧세메스 길로 바로 행하여 대로로 가며 갈 때에 울고 좌우로 치우치지 아니하였고 블레셋 방백들은 벧세메스 경계선까지 따라 가니라

더 깊이 읽기　　✛ 본문을 빠르게 한 번, 천천히 한 번 묵상합니다.
　　　　　　　　✛ 마음에 와 닿는 내용·구절·단어는 무엇인가요?

3 　생 각 하 기　────────────── 인도자가 읽어주세요

2006년 1월, 군의관으로 복무 중이던 33살의 한 청년의사가 예기치 못한 병으로 세상을 떠났습니다. 지금도 많은 사람들에게 '참 의사'로 기억되는 고(故) 안수현씨입니다.

그는 바쁜 인턴, 레지던트 시절에도 자신의 돈과 시간의 대부분을 남을 위해 썼습니다. 돈이 없어 검사를 받지 못하는 조선족 할아버지의 검사비를 대신 내주고, 모든 병원 일과가 끝나면 지친 몸을 이끌고 자신이 돌보는 환자들을 일일이 찾아가서 잠들어 있는 그들의 머리맡에 앉아 병이 낫기를 간절히 기도했습니다. 소망이 없다고 생각하며 실의에 빠진 암환자들의 말동무가 되어 주었고, 그들에게 좋은 책과 찬양 테이프를 선물하며 위로했습니다. 그의 장례식에 4,000명이 넘는 많은 조문객이 빈소를 찾아왔는데, 병원 매점 아주머니, 구두 닦는 아저씨, 방사선 기사 등 모두 병원에서 그의 사랑과 도움을 받았던 사람들이었습니다.

『그 청년 바보 의사』를 쓴 작가는 그의 삶을 이렇게 평가했습니다. "그는 어디를 가나 하나님께 속해 있음을 당당히 드러냈습니다. 글을 쓸 때도, 사람을 만날 때도, 무얼 먹거나 마실 때도, 그는 한결같이 크리스천이었습니다. 예수님을 믿는 것이 알려지면 불이익을 받을 것이 확실해도 그는 거리낌이 없었습니다. 그는 마치 오직 예수님의 영광을 위해 한 방향으로 오래 순종하며 걸어가는 순례자와 같았습니다." 우리도 주님의 말씀에 순종하며 묵묵히 주님의 길을 걸어가야 하겠습니다.

4 　관 찰 하 기　────────────── 빈 칸을 채워보세요

① 그 사람들이 그같이 하여 □ 나는 □ 둘을 끌어다가 □□를 메우고 □□□들은 집에 가두고

② 암소가 □□□□ 길로 바로 행하여 □□로 가며 갈 때에 울고 □□로 치우치지 아니하였고 블레셋 방백들은 □□□□ 경계선까지 따라 가니라

③ □□가 벧세메스 사람 □□□□의 밭 큰 돌 있는 곳에 이르러 선지라 무리가 □□의 나무를 패고 그 암소들을 □□□로 여호와께 드리고

: 202 :

5   **나 눠 보 기** ———————— 질문에 따라 묵상한 내용을 나눠주세요

① 누군가의 섬김과 희생을 통해 큰 도움과 은혜를 입었던 적이 있다면 그때 어떤 마음이 들었는지 서로 나눠봅시다.

② 벧세메스로 가는 소는 섬기러 오신 예수님을 예표합니다. 우리도 어떻게 하면 예수님처럼 섬기며 살 수 있을지 서로 나눠봅시다.

사사시대 말엽, 이스라엘은 블레셋과의 전쟁에서 크게 패하였고, 언약궤마저 빼앗기고 말았습니다. 그런데 언약궤가 블레셋으로 넘어간 이후, 그 지역에 재앙이 닥쳤습니다. 그들은 언약궤를 자신들의 신 다곤 신전에 두었는데 그 신상이 하나님의 언약궤 앞에 부서져 엎드러졌고, 언약궤가 가는 곳마다 무서운 독종의 재앙이 나타났습니다. 블레셋 사람들은 큰 두려움에 빠졌고, 결국 언약궤를 본래 있던 곳으로 돌려보내기로 결정하였습니다.

블레셋 방백들은 새 수레를 만들어 거기에 언약궤를 싣고 한 번도 멍에를 메어보지 않은 암소 두 마리가 끌고 벧세메스로 가게 하였습니다. 만약에 이 소들이 벧세메스로 향하면 지금 우리가 당한 재앙이 하나님이 내린 재앙이요, 다른 길로 가면 우연히 당한 재앙으로 생각하자는 것이었습니다. 이런 중에 이 소들은 좌우로 치우치지 않고, 울면서라도 대로로 행하여 끝까지 벧세메스로 올라갔고, 이방 땅에서까지 하나님의 영광을 드러내었습니다. 그리고 벧세메스에 도착한 소들은 자기들이 끌고 온 수레를 패서 만든 제단 위에서 피흘려 번제로 드려졌습니다.

벧세메스로 가는 소는 우리 예수님을 예표하고 있습니다. 예수님은 하늘 영광 버리시고 우리 가운데 오사 끝까지 십자가의 길을 걸어가셔서 스스로 희생제물이 되심으로 우리에게 구원을 허락해 주셨습니다. 예수님의 길을 걸어갈 때 우리도 가장 고귀하고 아름다운 인생을 살아갈 수 있습니다.

6   **기 도 하 기** ———————— 함께 기도합니다

❼ 축 복 하 기

눈을 들어 산을 보니

A. A. Pieters 작사, Traditional American Melody

1.눈을 들어산을 보니도움 어디서오 나 천지 지은주하 나님나를 도와주시 네
2.도우 시는하나 님이네게 그늘되시 니 낮의 해와밤의 달이너를 상치않겠 네

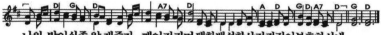

나의 발이실족 않게주가 깨어지키며 택한백성항상지켜길이보호하시네
네게 화를주지 않고혼을 보호하시며 너의출입지금부터영영인도하시리 아멘

Public Domain

● 오늘의 기도 제목과 응답

● 오늘의 감사

◆ 참석자

204

매일가정예배 │ 온 가정이 함께 하나님을 만나는 시간 │

순종이 제사보다 나으니라

1 **찬 양 하 기** ● 예수 따라가며 (찬 449장)

1) 예수 따라가며 복음 순종하면 우리 행할 길 환하겠네
   주를 의지하며 순종하는 자를 주가 늘 함께 하시리라
2) 해를 당하거나 우리 고생할 때 주가 위로해 주시겠네
   주를 의지하며 순종하는 자를 주가 안위해 주시리라
3) 남의 짐을 지고 슬픔 위로하면 주가 상급을 주시겠네
   주를 의지하며 순종하는 자를 항상 복 내려 주시리라
4) 우리 받은 것을 주께 다 드리며 우리 기쁨이 넘치겠네
   주를 의지하며 순종하는 자를 은혜 풍성케 하시리라
5) 주를 힘입어서 말씀 잘 배우고 주를 모시고 살아가세
   주를 의지하며 항상 순종하면 주가 사랑해 주시리라
후렴) 의지하고 순종하는 길은 예수 안에 즐겁고 복된 길이로다

2 **본 문 읽 기**

사무엘상 15:17-23

중심 구절

> 22 사무엘이 이르되 여호와께서 번제와 다른 제사를 그의 목소리를 청종하는 것을 좋아하심 같이 좋아하시겠나이까 순종이 제사보다 낫고 듣는 것이 숫양의 기름보다 나으니

더 깊이 읽기
　✛ 본문을 빠르게 한 번, 천천히 한 번 묵상합니다.
　✛ 마음에 와 닿는 내용·구절·단어는 무엇인가요?

'위클리프 성경번역선교회'라는 단체가 있습니다. 이 선교기관에서는 남미나 아프리카의 작은 부족들이 모여 사는 곳, 특별히 말은 있어도 글이 없는 주민들을 위하여 그들이 사용하는 언어로 성경을 번역해주는 일을 하고 있습니다.

　이 단체에 소속된 한 선교사가 남미의 고립된 어떤 마을에 들어가서 사역을 하게 되었는데, 그들을 위해 성경을 번역 하다가 그들의 언어로 '순종'이라는 단어를 어떻게 번역할 것인가 하는 고민에 빠지게 되었습니다. 그러던 어느 날, 어떤 아버지가 아들에게 심부름을 시키는 장면을 목격하게 되었습니다. 아버지는 아들에게 일을 시키면서 꼭 해야 된다는 뜻의 말을 계속 반복하였습니다. 아버지는 아들에게 "이 일을 꼭 해야 된다. 네 모든 마음으로!"라고 거듭 말하였습니다. 뿐만 아니라 심부름을 떠나는 아들 뒤에서 아버지는 다시 한 번 소리쳤습니다. "네 마음을 나누지 마라." 이 일을 목격한 선교사는 '순종'이라는 단어를 '마음을 나누지 않고, 모든 마음으로 따라가는 것'이라고 길게 번역했다는 일화가 있습니다. 순종은 '마음을 여러 갈래로 나누지 않고, 모든 마음으로 온전히 따라가는 것'입니다. 이기적 욕심에 마음을 빼앗기지 않고 하나님께서 말씀하신 그대로 온전히 따라가는 것이 바로 진정한 순종입니다.

❹   관 찰 하 기   ──────── 빈 칸을 채워보세요

① 어찌하여 왕이 여호와의 목소리를 □□하지 아니하고 □□하기에만 급하여 여호와께서 □하게 □□□□ □을 행하였나이까

② 사무엘이 이르되 여호와께서 □□와 다른 제사를 그의 □□□를 □□하는 것을 좋아하심 같이 좋아하시겠나이까 □□이 □□보다 낫고 □□ □이 숫양의 □□보다 나으니

③ 이는 □□하는 것은 □□□ □와 같고 □□□ □은 사신 □□에게 □하는 죄와 같음이라 왕이 여호와의 □□을 버렸으므로 여호와께서도 □을 버려 □이 되지 못하게 하셨나이다 하니

① 지난날을 돌이켜 볼 때 어리석고 교만한 행동으로 인하여 하나님께 불순종한 일이 있었다면 서로 고백해 봅시다.

② 예수님의 순종으로 우리는 생명과 구원을 얻었습니다. 이 사실을 통해 얻을 수 있는 은혜의 교훈에 대해 나눠 봅시다.

사무엘을 통하여 기름 부어 세운 사울이 왕이 되기 전에는 아버지의 말씀에 온전히 순종할 줄도 알았고, 스스로의 미약함을 고백할 줄도 아는 겸손한 사람이었으나, 왕이 된 후부터는 변질되고 말았습니다. 그는 아름다운 것을 아름답게 지켜 내지 못한 사람이었습니다.

사울은 블레셋과의 전쟁에서 제사제도를 주술적으로 이용하는 과오를 저질 렀고, 사무엘이 드려야 할 번제와 화목제를 자신이 대신함으로써 제사장의 영적 권위를 침범하였습니다. 이때에 사무엘은 '사칼' 곧 왕이 망령되이 행하였다고 책 망하였고, 이 일로 말미암아 사울은 왕위를 잃어버릴 것이라고 선포하였습니다. 또한 아멜렉과의 전쟁에서 모든 대적을 멸하라는 하나님의 명령에 불순종하여 그릇된 욕심으로 노략물을 가져온 사울을 향해 사무엘은 "순종이 제사보다 낫고 듣는 것이 숫양의 기름보다 낫다"는 선포를 통하여 하나님이 바라시는 것은 오직 청종하는 마음가짐이라고 알려주었습니다. 결국 사울은 불순종함으로 왕위를 잃어버렸을 뿐만 아니라 온갖 정신병에 시달렸고 마침내는 블레셋과의 전쟁에서 스스로 목숨을 끊고 말았습니다.

우리가 하나님께 불순종하면 결단코 행복한 인생을 살 수 없음을 깨닫고, 하나님 말씀에 잘 순종하여 하나님께서 베풀어 주시는 아름다운 축복을 누리며 살아가는 성도들이 되시기를 바랍니다.

6 기 도 하 기 ──────── 함께 기도합니다

7 축복하기

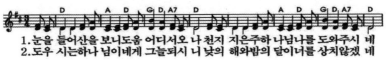

눈을 들어 산을 보니

A. A. Pieters 작사, Traditional American Melody

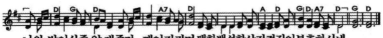

1. 눈을 들어 산을 보니 도움 어디서 오나 천지 지은 주하 나님 나를 도와주시 네
2. 도우 시는 하나 님이 네게 그늘 되시 니 낮의 해와 밤의 달이 너를 상치 않겠 네

나의 발이 실족 않게 주가 깨어 지키며 택한 백성 항상 지켜 길이 보호 하시네
네게 화를 주지 않고 혼을 보호 하시며 너의 출입 지금부터 영영 인도 하시리 아멘

Public Domain

●◆ 오늘의 기도 제목과 응답

●◆ 오늘의 감사 〰〰〰〰〰〰〰〰〰〰〰〰〰〰〰〰〰

◆ 참석자

매일가정예배 | 온 가정이 함께 하나님을 만나는 시간 |

전쟁은 여호와께 속하였느니라

①　찬 양 하 기　　　　　　　　　　　　● 주 믿는 사람 일어나(찬 357장)

　1) 주 믿는 사람 일어나 다 힘을 합하여 이 세상 모든 마귀를
　　 다 쳐서 멸하세 저 앞에 오는 적군을 다 싸워 이겨라
　　 주 예수 믿는 힘으로 온 세상 이기네
　2) 온 인류 마귀 궤휼로 큰 죄에 빠지니 진리로 띠를 띠고서
　　 늘 기도드리세 참 믿고 의지하면서 겁 없이 나갈 때
　　 주 예수 믿는 힘으로 온 세상 이기네
　3) 끝까지 이긴 자에게 흰 옷을 입히고 또 영생 복을 주시니
　　 참 기쁜 일일세 이 어둔 세상 지나서 저 천성 가도록
　　 주 예수 믿는 힘으로 온 세상 이기네
　후렴) 믿음이 이기네 믿음이 이기네 주 예수를 믿음이 온 세상 이기네

②　본 문 읽 기

사무엘상 17:41-49

중심 구절

> 47 또 여호와의 구원하심이 칼과 창에 있지 아니함을
> 이 무리에게 알게 하리라 전쟁은 여호와께 속한 것인
> 즉 그가 너희를 우리 손에 넘기시리라

더 깊이 읽기　　✚ 본문을 빠르게 한 번, 천천히 한 번 묵상합니다.
　　　　　　　　　　✚ 마음에 와 닿는 내용·구절·단어는 무엇인가요?

제1차 세계대전 말기에 영국의 경건한 기독교인이었던 알렌비 Edmund Allenby 대장이 이슬람교도들인 터키 군으로부터 예루살렘을 탈환할 때의 일입니다. 그는 예루살렘이 하나님의 거룩한 성임을 생각하고는 그곳에서 피 흘리기를 원치 않았습니다. 그는 공격 결정을 유보하였고, 영국 왕은 알렌비 대장에게 기도하고 하나님을 신뢰하며 주의 뜻을 기다리라고 명령하였습니다.

한편 예루살렘 성 안의 터키 병사들은 자신들을 공격하러 온 알렌비 대장이 성을 포위한 채 공격은 하지 않자 공포를 느끼기 시작하였습니다. 더군다나 '알렌비'라는 말은 터키 말로 '하나님이 대항하신다', '하나님이 저주하신다.'라는 뜻이었기 때문에 그들은 큰 두려움에 빠지게 되었습니다.

결국 터키 군은 알렌비 군대에 전의를 상실하고 예루살렘 성문을 열고 무조건 항복하였습니다. 이렇게 해서 영국군은 총 한 번 쏘지 않고 승리하였고, 모자를 벗어 들고 찬송하면서 예루살렘 성에 입성하였습니다.

전쟁은 칼과 창에 의해 결정되는 것이 아니라 하나님께 속한 것입니다. 이 믿음이 우리를 승리하게 합니다. 하나님을 신뢰하는 믿음으로 날마다 영적 싸움에서 승리하시기를 바랍니다.

④　관찰하기 ──────────── 빈 칸을 채워보세요

① 다윗이 블레셋 사람에게 이르되 너는 □과 □과 □□으로 내게 나아 오거니와 나는 만군의 □□□의 □□ 곧 네가 모욕하는 이스라엘 군대의 □□□의 □□□으로 네게 나아가노라

② 또 여호와의 □□□□이 칼과 창에 있지 아니함을 이 무리에게 알게 하리라 □□은 □□□께 속한 것인즉 그가 너희를 □□ □에 넘기시리라

③ 손을 주머니에 넣어 □을 가지고 □□로 던져 블레셋 사람의 □□를 치매 □이 그의 □□에 박히니 땅에 엎드러지니라

⑤ **나눠보기** ——————— 질문에 따라 묵상한 내용을 나눠주세요

① 지금 내 삶에 골리앗과 같은 두려움과 염려를 주는 것이 있다면 그것이 무엇 인지 서로 이야기해 봅시다.
② 골리앗에 대항하는 다윗의 말들(45~47절) 중에서 나에게 가장 큰 영감을 주 는 말이 있다면 서로 나누어 봅시다.

사울이 하나님을 거역하고 불순종하였을 때 결국 그는 버림받을 수밖에 없었고, 하나님은 사무엘을 베들레헴에 사는 이새의 집으로 보내어 다윗에게 기름을 부 었습니다. 이 날 이후로 다윗은 여호와의 영에 크게 감동되었고, 반대로 사울에 게서는 여호와의 영이 떠나버리고 말았습니다.

이후에 블레셋이 전쟁을 일으켰고, 이스라엘과 블레셋 군대는 엘라 골짜기에서 서로 대치하였습니다. 이때 블레셋 진영에서 싸움을 돋우는 자인 골리앗이 나왔는 데 그는 키가 2m 80cm가 넘는 엄청난 거인이었습니다. 그가 쩌렁쩌렁한 목소리로 외쳤을 때 사울과 이스라엘 군대는 크게 두려워하며 벌벌 떨 수밖에 없었습니다.

그런데 바로 이러한 절체절명의 순간에 다윗은 아버지의 심부름으로 형들을 찾 았다가 골리앗의 모습을 보았고 그가 이스라엘 군대를 위협하는 것을 들었습니다. 다윗은 마음속에 의분이 일어나 "너는 칼과 창과 단창으로 내게 나아 오거니와 나 는 만군의 여호와의 이름 곧 네가 모욕하는 이스라엘 군대의 하나님의 이름으로 네 게 나아가노라"고 외치면서 물맷돌을 날려 골리앗을 넘어뜨리고 승리하였습니다.

이렇게 다윗이 승리할 수 있었던 것은 그가 하나님을 무한 신뢰했기 때문입 니다. 이처럼 전쟁은 여호와께 속한 것이고, 우리에게 승리를 주시는 하나님을 신뢰하는 것이 참된 승리의 비결인 것입니다. 인생에서 골리앗을 만날 때마다 하 나님을 신뢰하며 날마다 승리의 삶을 살아가시기 바랍니다.

⑥ **기도하기** ——————— 함께 기도합니다

눈을 들어 산을 보니

A. A. Pieters 작사, Traditional American Melody

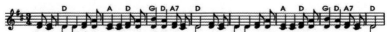

1. 눈을 들어 산을 보니 도움 어디서오 나 천지 지은주 하나님 나를 도와주시네
2. 도우시는 하나님이 네게 그늘되시 니 낮의 해와 밤의 달 이너를 상치않겠네

나의 발이 실족않게 주가 깨어지키며 택한백성 항상지켜 길이보호하시네
네게 화를주지않고 혼을 보호하시며 너의출입 지금부터 영영인도하시리 아멘

Public Domain

✏ 오늘의 기도 제목과 응답

✏ 오늘의 감사

◆ 참석자

매일가정예배

| 온 가정이 함께 하나님을 만나는 시간 |

그의 나라를 견고하게 하리라

① 찬 양 하 기

● 내 주의 나라와 (찬 208장)

1) 내 주의 나라와 주 계신 성전과 피 흘려 사신 교회를 늘 사랑합니다
2) 내 주의 교회는 천성과 같아서 눈동자같이 아끼사 늘 보호하시네
3) 이 교회 위하여 눈물과 기도로 내 생명 다하기까지 늘 봉사합니다
4) 성도의 교제와 교회의 위로와 구주와 맺은 언약을 늘 기뻐합니다
5) 하늘의 영광과 베푸신 은혜가 진리와 함께 영원히 시온에 넘치네
    아멘

② 본 문 읽 기

사무엘하 7:8-17

중심 구절

> 9 네가 가는 모든 곳에서 내가 너와 함께 있어 네 모든 원수를 네 앞에서 멸하였은즉 땅에서 위대한 자들의 이름 같이 네 이름을 위대하게 만들어 주리라

더 깊이 읽기

✚ 본문을 빠르게 한 번, 천천히 한 번 묵상합니다.
✚ 마음에 와 닿는 내용·구절·단어는 무엇인가요?

생 각 하 기 ──────────── 인도자가 읽어주세요

1982년 호주 브리즈번에서 목사의 아들로 태어난 닉 부이치치는 테트라-아멜리아 신드롬 Tetra-Amelia syndrom으로 팔다리가 없이 태어났습니다. 그는 자신의 남다른 몸에 절망하여 여덟 살 즈음에 자살을 시도하기도 했지만 이후 복음을 전해 듣고 완전히 변화되어 지금은 절망에 빠진 이들에게 희망을 전파하는 메신저로 살아가고 있습니다.

닉 부이치치는 신체적인 불편함을 이겨내며 대학에서 회계학과 재무관리를 복수 전공하였습니다. 그뿐 아니라 '사지 없는 삶 Life without Limbs'이라는 장애인 비영리 단체를 만들었고 4개 대륙 12개국 이상을 다니며 생명과 희망을 전하고 있습니다. 그는 이렇게 말했습니다.

"여러분 절대로 포기하지 마세요. 하나님은 당신의 그 모습 그대로를 사랑하시며 하나님의 놀라운 계획이 여러분 안에 있답니다. 사탄은 끊임없이 절망의 생각을 주지만, 하나님께서는 성경을 통해 우리가 신묘막측한 존재이며 결국에는 형통하게 될 것이라는 참된 희망을 주십니다."

닉 부이치치는 자신의 강연을 듣고 예수님을 영접하고자 하는 이들을 단상으로 불러들이는데, 매번 손을 들고 나오는 사람이 어림잡아 2백 명이 넘는다고 합니다. 그는 절망하고 삶을 포기할 수도 있었지만, 예수님 안에서 놀라운 하나님의 사랑을 발견했고 자신을 향한 약속을 굳게 붙들었습니다. 이처럼 극심한 환난과 역경 속에서도 끝까지 하나님의 약속을 붙드는 믿음은 마침내 아름다운 열매를 맺게 되는 것입니다.

④ **관 찰 하 기** ──────────── 빈 칸을 채워보세요

① 네가 가는 □□ 곳에서 내가 너와 함께 있어 네 모든 □□를 네 앞에서 멸하였은즉 땅에서 □□□ 자들의 □□ 같이 네 □□을 □□하게 만들어 주리라

② 네 □□이 차서 네 조상들과 함께 누울 때에 내가 네 □에서 날 네 □를 네 뒤에 세워 그의 □□를 견고하게 하리라

③ 그는 내 □□을 위하여 □을 건축할 것이요 나는 그의 나라 □□를 영원히 견고하게 하리라

① 살아오면서 지금까지 분에 넘치는 하나님의 사랑의 증거로 여겨지는 경험이나 사건이 있다면 서로 나누어봅시다.

② 하나님의 구원 역사의 주인공이 되었던 다윗처럼 우리도 아름답게 쓰임 받는 삶을 살기를 사모하며 서로 축복하는 시간을 가집시다.

하나님께서는 거역하고 불순종하는 사울을 폐하시고, 하나님의 마음에 합한 다윗을 이스라엘의 새 왕으로 세우셨습니다. 다윗은 하나님의 섭리로 수많은 반대 세력과 시련을 이겨내고 마침내 통일 이스라엘의 왕으로 즉위하였습니다. 왕이 된 후에도 오직 여호와 신앙에 순결하였던 다윗에게 하나님께서는 영원한 왕권을 약속하시는 '다윗 계약'을 체결해 주셨습니다.

다윗 계약은 하나님께서 다윗에게 일방적으로 체결해 주신 은혜 계약인데, 그 핵심은 다음 네 가지로 요약할 수 있습니다. 첫째, 다윗을 이스라엘의 주권자로 삼고 그 이름을 위대하게 만들어주시겠다. 둘째, 다윗의 후손을 한 곳에 심고 거주하게 하며 평안하게 하시겠다. 셋째, 다윗의 후손을 세워 그의 나라와 왕위를 견고하게 하시겠다. 그리고 마지막 넷째는 다윗의 후손은 하나님의 아들이 되고 하나님은 그들의 아버지가 되어주시며, 범죄시 징계는 하나 그 위는 결단코 빼앗지는 않으시겠다는 것입니다.

하나님께서는 다윗 계약을 통해 구원의 역사를 이루어 가시기를 원하셨습니다. 비록 B.C. 586년 예루살렘의 멸망으로 인해 다윗 왕조는 외면상 사라졌지만, 다윗의 후손이신 예수 그리스도께서 영적 이스라엘인 교회의 머리가 되셨으며 장차 하나님의 영원한 신정 왕국인 천국에서 영원토록 자기 백성을 다스리실 것입니다. 다윗처럼 우리도 하나님의 구속사에 쓰임 받는 놀라운 은혜와 사랑을 누리는 성도들이 꼭 되어야 하겠습니다.

6 **기 도 하 기** ——————— 함께 기도합니다

7 축 복 하 기

눈을 들어 산을 보니

A. A. Pieters 작사, Traditional American Melody

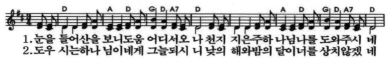

1.눈을 들어산을 보니도움 어디서오 나 천지 지은주하 나님나를 도와주시 네
2.도우 시는하나 님이네게 그늘되시 니 낮의 해와밤의 달이너를 상치않겠 네

나의 발이실족 않게주가 깨어지키며 택한백성항상지켜길이보호하시네
네게 화를주지 않 고혼을 보호하시며 너의출입지금부터영영인도하시리 아멘

Public Domain

●◆ 오늘의 기도 제목과 응답

●◆ 오늘의 감사

◆ 참석자

216

매일가정예배 | 온 가정이 함께 하나님을 만나는 시간 |

하나님의 선물

① 찬 양 하 기
예수 나를 오라 하네 (찬 324장)

1) 예수 나를 오라 하네 예수 나를 오라 하네
   어디든지 주를 따라 주와 같이 가려네
2) 겟세마네 동산까지 주와 함께 가려 하네
   피땀 흘린 동산까지 주와 함께 가려네
3) 심판 하실 자리까지 주와 함께 가려 하네
   심판 하실 자리까지 주와 함께 가려네
4) 주가 크신 은혜 내려 나를 항상 돌보시고
   크신 영광 보여주며 나와 함께 가시네
후렴) 주의 인도하심 따라 주의 인도하심 따라
   어디든지 주를 따라 주와 같이 가려네

② 본 문 읽 기
마가복음 2:13-17

중심 구절

> 17 예수께서 들으시고 그들에게 이르시되 건강한 자
> 에게는 의사가 쓸 데 없고 병든 자에게라야 쓸 데 있
> 느니라 나는 의인을 부르러 온 것이 아니요 죄인을 부
> 르러 왔노라 하시니라

더 깊이 읽기

✚ 본문을 빠르게 한 번, 천천히 한 번 묵상합니다.

✚ 마음에 와 닿는 내용·구절·단어는 무엇인가요?

성 어거스틴 St. Augstine 은 354년 타카스테에서 태어났습니다. 신앙심 좋은 어머니 모니카의 신앙교육을 받았지만, 하나님을 외면하며 젊은 시절에 방탕과 타락의 세월을 보냈습니다. 카르타고에서 공부하며 지적 욕구를 채웠지만 여전히 하나님을 만나지 못했습니다. 그런 그가 384년 밀라노로 건너가 암부로시스 주교를 만나고 그의 설교를 듣고 감동을 받게 됩니다. 이 일로 그는 다시 하나님을 바라보는 계기가 되었고 2년 뒤 어거스틴은 결정적으로 회심하게 됩니다. 자신이 회심한 장소를 '밀라노의 정원'이라고 합니다. 현재 그곳은 어거스틴의 공원이라고 쓰여 있습니다. 그곳에는 로마시대의 유적이 있고 담벼락에 어거스틴의 세 장면이 그려져 있는데 회심에 대한 이야기입니다.

그는 산책을 하던 중 담벼락 너머에서 아이들의 동요가 들려왔습니다. 그런데 그 노랫말은 "들어서 읽어봐"Tolle lege 라는 노래말이었습니다. 성령께서 노랫말을 통해서 어거스틴의 마음을 사로 잡으셨던 것입니다. 어거스틴은 곧장 성경을 들고 폈더니 로마서 13장 13-14말씀이었습니다. "낮에와 같이 단정히 행하고 방탕하거나 술 취하지 말며 음란하거나 호색하지 말며 다투거나 시기하지 말며 다투거나 시기하지 말고 오직 주 예수 그리스도로 옷 입고 정욕을 위하여 육신의 일을 도모하지 말라." 이 말씀을 통해 어거스틴은 회심하게 되었고 후에 암부로시스에게 세례를 받고 고향 튀니지로 돌아와서 수도원을 세우고 후에 히포의 감독으로 성도를 돌보고 평생을 학문 연구에 힘썼습니다. 그는 고백론에서 "나의 나 된 것은 오로지 하나님의 은혜"라고 고백합니다.

4 관찰하기 ──────── 빈 칸을 채워보세요

① 또 지나 가시다가 알패오의 아들 □□가 □□에 앉아 있는 것을 보시고 그에게 이르시되 나를 □□□ 하시니 일어나 따르니라

② 예수께서 들으시고 그들에게 이르시되 건강한 자에게는 □□가 쓸 데 없고 병든 자에게라야 쓸 데 있느니라 나는 □□을 부르러 온 것이 아니요 □□을 부르러 왔노라 하시니라

⑤ **나 눠 보 기** ──────── 질문에 따라 묵상한 내용을 나눠주세요

① 예수님이 이 세상에 오신 목적이 무엇이라고 생각합니까?
② 하나님의 부르심이 우리에게 은혜임을 고백할 때가 있습니까?

세리가 어떤 직업의 사람인지 잘 아실 것입니다. 예수님 당시에 세리는 그 사회에서 가장 혐오하는 직업이었습니다. 우리는 이 세리의 이름을 주목하지 않을 수 없습니다. 그의 이름이 무엇입니까? '레위'라고 말하여 줍니다. 레위의 이름은 뜻은 '연합하다'입니다. 레위Levi라는 이름은 과거 모세와 아론의 지파 이름으로 대대로 제사장의 직위. 하나님을 가장 가까이서 섬기고 이스라엘 민족을 위해서 기도하는 지파의 이름이었습니다. 하나님과 사람 사이를 이어주며, 연합하도록 중재하는 자였습니다. 하지만 지금의 레위(Levi)는 동족을 가장 앞장서서 괴롭혔던 '세리'의 자리를 차지하고 있습니다. 그런데 지금 그는 레위로서의 모습을 잃어버리고 세상에서 돈을 추구하며 자기의 이익만을 추구하는 자로 살아갑니다. 집에서나 밖에서나 떳떳하지 못한 죄인의 모습입니다.

그러나 주님은 사람들의 시선을 별로 중요시하지 않으셨습니다. 주님께서는 이미 하나님 나라의 복음을 선포하시면서 세간의 관심을 집중시키며 많은 무리를 이끌고 다니시는 종교인 반열에 서신 위치에 서게 된 분입니다. 그런데 그런 위치에 계신 주님께서 그 당시 사회적으로 그렇게 무시당하고 혐오하는 직업을 가진 세리 레위를 제자로 부르신 것입니다.

오늘 주님은 저와 여러분을 그렇게 부르셨습니다. 우리의 지위나 능력, 배경으로 부르신 것이 아니라, 하나님의 형상을 입은 자로, 있는 모습 그대로 우리를 부르셨습니다. 이것이 바로 하나님의 선물 아닐까요? 하나님께서 자격 있어서 부른 것이 아니라, 자격 없는 자이지만 그 모습 그대로 인정해 주시고, 불러 주신 주님의 은혜가 우리에게 있습니다.

⑥ **기 도 하 기** ──────────────── 함께 기도합니다

7 **축 복 하 기**

눈을 들어 산을 보니

A. A. Pieters 작사, Traditional American Melody

1. 눈을 들어 산을 보니 도움 어디서오 나 천지 지은 주하나님 나를 도와주시네
2. 도우 시는 하나 님이 네게 그늘되시 니 낮의 해와밤의 달이 너를 상치않겠 네

나의 발이 실족 않게 주가 깨어 지키며 택한 백성 항상 지켜 길이 보호하시네
네게 화를 주지 않고 혼을 보호하시며 너의 출입 지금부터 영영 인도하시리 아멘

Public Domain

●◆ 오늘의 기도 제목과 응답

●◆ 오늘의 감사

◆ 참석자

매일가정예배 | 온 가정이 함께 하나님을 만나는 시간 |

생명의 떡

1 찬 양 하 기 ● 그 어린 주 예수 (찬 114장)

1) 그 어린 주 예수 눌 자리 없어 그 귀하신 몸이 구유에 있네
   저 하늘의 별들 반짝이는데 그 어린 주 예수 꼴 위에 자네
2) 저 육축 소리에 아기 잠 깨나 그 순하신 예수 우시지 않네
   귀하신 예수를 나 사랑하니 새 날이 밝도록 함께 하소서
3) 주 예수 내 곁에 가까이 계셔 그 한 없는 사랑 늘 베푸시고
   온 세상 아기들 다 품어주사 주 품 안에 안겨 살게 하소서 아멘

2 본 문 읽 기

요한복음 6:35-51

중심 구절

> 51 나는 하늘에서 내려온 살아있는 생명의 떡이니 사람이 이 떡을 먹으면 영생하리라 내가 줄 떡은 곧 세상의 생명을 위한 내 살이니라 하시니라

더 깊이 읽기

✚ 본문을 빠르게 한 번, 천천히 한 번 묵상합니다.
✚ 마음에 와 닿는 내용·구절·단어는 무엇인가요?

3 생 각 하 기

사막을 여행하는 사람들은 거대한 모래벌판에서 작은 오아시스를 발견하면 신비를 느끼곤 합니다. 사막의 모래바람은 끊임없이 지형을 바꾸고, 사막의 태양은 쉬지 않고 주변 환경을 메마르고 거칠게 만들어 갑니다. 그러나 오아시스는 사막의 광풍에도, 뜨거운 태양에도 아랑곳없이 자신의 모습을 지키며 늘 푸름과 생수를 공급하는 나그네의 안식처입니다.

미국의 로스앤젤레스에서 라스베이거스로 가려면 사막을 가로질러 차로 10시간 이상 달려야 합니다. 그러면 사막을 지날 때 오아시스를 종종 볼 수 있습니다. 그 오아시스는 멀리 떨어져 있는 로키산맥의 눈이 녹아서 땅 끝으로 흐르다가 그곳에서 솟아나 생긴 것이라고 합니다. 그 오아시스는 사막의 모래바람과 태양열에 둘러싸여 있지만, 안전한 휴식처가 됩니다. 로키산맥의 물이 흐르는 동안 오아시스는 사막에서 늘 푸름을 가질 수 있습니다. 비록 세상이 사막같이 거칠고 메마르며 삭막하다고 할지라도 아무도 볼 수 없는 수맥에서 물을 공급받는 사람은 영원히 목마르지 않을 것이고 그 배에서 생수의 강이 흘러넘칠 것입니다. 오아시스에 물을 공급하시는 하나님의 생명수 가에 나의 뿌리를 깊이 내리면 그분은 사막에서도, 감옥에서도, 어둠에서도, 원수들 앞에서도 영광 가운데 나타나셔서 나의 쓸 것을 풍성히 채워 주실 것입니다.

4 관 찰 하 기

① 예수께서 이르시되 나는 □□의 □이니 내게 오는 자는 결코 주리지 아니할 터이요

② 내 아버지의 뜻은 아들을 보고 믿는 자마다 □□을 얻는 이것이니 마지막 날에 내가 이를 다시 살리리라 하시니라

③ 나는 하늘에서 내려온 살아있는 □□의 □이니 사람이 이 □을 먹으면 □□하리라 내가 줄 떡은 곧 세상의 □□을 위한 내 살이니라 하시니라

나 눠 보 기 ───────────── 질문에 따라 묵상한 내용을 나눠주세요

① 예수님이 이 세상에 오신 목적이 무엇이라고 생각합니까?
② 하나님의 목적을 위해 이 세상에 오신 예수님처럼, 우리도 하나님의 목적으
  로 살아가기 위해 어떻게 해야 할까 서로 나누어 보세요.

오늘 말씀은 오병이어의 표적을 행하시고(요 6:1-15) 난 후 주어진 말씀입니다.
오병이어를 통해 현실적인 배고픔을 해결 받은 사람들이 며칠 후 주님을 찾아왔
습니다. 여전히 자신의 배고픔을 해결 받기 위해서였습니다. 이때 주님이 말씀
하셨습니다. "예수께서 이르시되 나는 생명의 떡이니 내게 오는 자는 결코 주리
지 아니할 터이요 나를 믿는 자는 영원히 목마르지 아니하리라." 주님이 이 땅에
오신 것은 인간의 배고픔을 해결해 주기 위해 오신 것이 아니었습니다. 영원히
목마르지 않은 생명의 떡으로 이 땅에 오셨습니다.
  사람의 욕구 중에 먹는 욕구는 매우 중요합니다. 그렇지만 인간은 먹는 것으로만
끝나는 존재가 아닙니다. 우리의 영혼을 풍성하게 하는 영적인 양식을 먹어야 합니
다. 이 사실에 대해서 오늘 말씀 35절에서 '생명의 떡'을 먹어야 한다고 말씀합니
다. 이것은 곧 주님을 영접함으로 인해 육적으로 채워지지 않는 영적인 채워짐을
의미합니다. 이로 인해 영혼의 참 만족이 있게 되고, 충만한 삶이 됩니다. 두려움
에 휩싸이지 않습니다. 그러한 것들은 한 순간에 사라지게 됩니다. 예수 그리스
도의 참 자유와 기쁨, 참 만족으로 가득한 삶이 되게 합니다. 이렇게 영원히 목마
르지 않고, 배고프지 않는 생명의 말씀을 받아 누리는 사람들에게는 주님이 다시
오시는 날을 기대하며 살아가는 신앙이 되게 합니다.

⑥ **기 도 하 기** ───────────── 함께 기도합니다

7 **축 복 하 기**

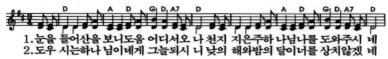

눈을 들어 산을 보니

A. A. Pieters 작사, Traditional American Melody

1.눈을 들어 산을 보니 도움 어디서오 나 천지 지은주 하나님 나를 도와주시 네
2.도우 시는 하나 님이 네게 그늘되시 니 낮의 해와 밤의 달이 너를 상치않겠 네

나의 발이 실족 않게 주가 깨어지키며 택한백성 항상지켜 길이보호하시네
네게 화를주지 않 고혼을 보호하시며 너의출입 지금부터 영영인도하시리 아멘

Public Domain

●◆ 오늘의 기도 제목과 응답

●◆ 오늘의 감사

◆ 참석자

224

매일가정예배 | 온 가정이 함께 하나님을 만나는 시간 |

예수 그리스도를 영접한 사람

① 찬 양 하 기   ● 구세주를 아는 이들 (찬 26장)

1) 구세주를 아는 이들 찬송하고 찬송하세
   맘과 뜻과 힘 다하여 경배 드리세
2) 주를 알지 못한 이들 주가 친히 인도하사
   그의 피로 구속하니 찬송 부르세
3) 약한 사람 도움 받아 시험 중에 참게 되니
   모든 죄를 이길 힘은 믿음 뿐이라
4) 진리 되신 우리 주는 영원토록 변함 없네
   성도들아 주를 믿어 길이 섬기세

② 본 문 읽 기

요한복음 1:9-18

중심 구절

> 12 영접하는 자 곧 그 이름을 믿는 자들에게는 하나님의 자녀가 되는 권세를 주셨으니

더 깊이 읽기

✚ 본문을 빠르게 한 번, 천천히 한 번 묵상합니다.
✚ 마음에 와 닿는 내용·구절·단어는 무엇인가요?

생 각 하 기 ──────── 인도자가 읽어주세요

테레사 수녀가 어느 날 가난한 사람들에게 봉사하러 가기 위하여 몇 명의 수녀들과 함께 길을 가다가 담 장 밑에 쪼그리고 앉아 있는 남루한 노파 한 사람을 만났습니다. 그러나 아무도 그 노파에게 관심을 기울이는 사람이 없었기에 테레사 수녀는 그 노파에게 다가가서 말을 붙였으나 아무 대꾸도 없이 한 번 힐끔 쳐다보고 마는 것이었습니다. 그러나 수녀는 끝까지 설득을 하여 그 노파의 집에 가보니 다 쓰러져가는 오두막인데 너무나도 더럽고 지저분해 우리가 집 청소를 해 드리겠다고 하니까 퉁명스럽게 허락하는 것이었습니다. 그런데 방안에 들어간 테레사 수녀가 탁자 위에 놓여 있는 등잔이 언제쯤 불을 밝혔는지 먼지가 너무 쌓여서 그 등잔을 깨끗하게 닦으면서 "오랫동안 등잔을 밝히지 아니하셨군요"라고 말을 하자 "등잔불을 켜봤자 올 사람도 없고 볼 사람도 없는데, 불을 켜면 무엇하겠느냐?"고 반문했습니다. 그때 수녀가 "불을 밝혀야 사람이 불을 보고 올 것이 아닙니까? 그리고 보아야 할머니를 돕지요" 했습니다. 그러면서 등잔에 손수 불을 밝혀놓고 "이렇게 불을 켜 놓으시면 우리라도 매일 오겠습니다"라고 해서 할머니는 다음 날부터 날이 어두워지면 등잔에 불을 밝혔고, 수녀 중에 누군가가 그 집을 매일 찾았다고 합니다. 그러던 어느 날 테레사 수녀는 다른 곳으로 갔는데 그 할머니가 다른 수녀에게 이렇게 말했습니다. "그분이 내 마음에 불을 당겨 주신 뒤로 내 마음에는 늘 등불을 밝혀지게 되었고 어두움을 잊게 되었습니다."

4

관 찰 하 기 ──────── 빈 칸을 채워보세요

① □□하는 자 곧 그 □□을 믿는 자들에게는 하나님의 □□가 되는 권세를 주셨으니

② □□이 육신이 되어 우리 가운데 거하시매 우리가 그의 □□을 보니 아버지의 독생자의 영광이요 □□와 □□가 충만하더라

③ 우리가 다 그의 □□한 데서 받으니 은혜 위에 은혜러라

5 **나눠보기** ──────────── 질문에 따라 묵상한 내용을 나눠주세요

① 하나님의 자녀임을 고백하며 살아가고 있습니까?
② 사도 바울은 로마서에서 우리에게 '거룩한 산 제물'이 되라고 하십니다. 세상에서 거룩한 산 제물로 살아간다는 것은 무엇일까요?

유대인들은 자신들만이 특별한 하나님의 백성임을 주장했습니다. 유대인들의 선민사상이라고 합니다. 하지만 사도 요한은 복음에 대한 잘못된 편견을 깨뜨리고 예수 그리스도를 영접하는 사람은 누구나 하나님의 자녀가 되는 권세를 가질 수 있음을 가르쳐 주고 있습니다. 하나님의 자녀는 어떤 외적인 조건이나 신분, 혈통에 따라 주어지는 것이 아니라는 사실을 분명히 보여주고 있습니다. 주님을 영접한다는 말은 무슨 말일까요? 그것은 바로 주님을 내 삶의 주인으로 모셔 들이는 것입니다.

그리스도인은 주님이 나의 구원자이심을 고백한 사람입니다. 그리고 하나님의 은혜로 하나님의 자녀가 되었다는 사실을 인정하고 하나님의 주권과 통치 아래 머물기로 결단한 사람입니다. 그래서 주님의 가르침을 절대적으로 따르고 순종하는 사람입니다. 우리가 다시 한번 깊이 생각해 보아야 할 것은 하나님의 자녀가 되는 것은 분명 기쁘고 감사한 일입니다. 그 이유는 하나님께서 우리에게 사랑의 길을 보여주셨기 때문입니다. 그런데 중요한 것은 이 사실을 깨달았다고 하는 것은 생각에만 머무는 것이 아니라 삶으로 보여주는 행동하는 신앙인이 되어야 한다는 것입니다. 그 이유는 하나님께서 친히 모범적인 삶의 모습을 보여주셨기 때문입니다. 그래서 그리스도인은 삶으로 하나님을 증명하는 삶이 되어야 합니다.

6 **기도하기** ──────────── 함께 기도합니다

눈을 들어 산을 보니

A. A. Pieters 작사, Traditional American Melody

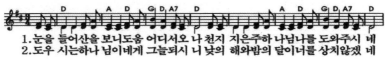

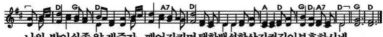

Public Domain

●◆ 오늘의 기도 제목과 응답

●◆ 오늘의 감사

◆ 참석자